全 世 界 无 产 者 ， 联 合 起 来 ！

马克思

雇佣劳动与资本

中共中央 马克思　恩格斯　著作编译局编译
　　　　 列　宁　斯大林

人民出版社

编 辑 说 明

　　马克思、恩格斯和列宁的著作是马克思主义的理论原典,是学习、研究、宣传和普及马克思主义的基础文献。为了适应马克思主义中国化、时代化、大众化不断推进的形势,满足广大读者多层次的需求,我们总结了迄今为止的编译经验,考察了国内外出版的有关读物,吸收了理论界提出的宝贵建议,精选马克思、恩格斯和列宁的重要著述,编成《马列主义经典作家文库》。

　　文库辑录的文献分为三个系列:一是著作单行本,收录经典作家撰写的独立成书的重要著作;二是专题选编本,收录经典作家集中论述有关问题的短篇著作和论著节选;三是要论摘编本,辑录经典作家对有关专题的论述,按逻辑结构进行编排。

　　文库编辑工作遵循面向实践、贴近群众的原则,力求在时代特色、学术质量、编排设计方面体现新的水准。

　　本系列是《马列主义经典作家文库》的著作单行本,主要收录马克思、恩格斯和列宁的基本著作以及在各个历史时期的代表性著作,同时收入马克思、恩格斯和列宁在不同时期为这些著作撰写的序言、导言或跋。有些重点著作还增设附录,收入对理解和研究经典著作正文有重要参考价值的文献和史料。列入著作单行本系列的文献一般都是全文刊行,只有马克思恩格斯的《德意志意识形态》、马克思的经济学手稿以及列宁的《哲学笔记》等篇幅较大的著作采用节选形式。

著作单行本系列所收的文献均采用马克思、恩格斯和列宁著作最新版本的译文,以确保经典著作译文的统一性和准确性。自1995年起,由我局编译的《马克思恩格斯全集》第二版陆续问世,迄今已出版24卷;从2004年起,我们又先后编译并出版了《马克思恩格斯文集》和《马克思恩格斯选集》第三版。著作单行本系列收录的马克思恩格斯著作采用了上述最新版本的译文,对未收入上述版本的马克思恩格斯著作的译文,我们按照最新版本的编译标准进行了审核和修订;列宁著作则采用由我局编译的《列宁全集》第二版、第二版增订版和《列宁选集》第三版修订版译文。

著作单行本系列采用统一的编辑体例。每本书正文前面均刊有《编者引言》,简要地综述相关著作的时代背景、理论观点和历史地位,帮助读者理解原著、把握要义;同时概括地介绍相关著作写作和流传情况以及中文译本的编译出版情况,供读者参考。正文后面均附有注释和人名索引,以便于读者查考和检索。

著作单行本系列的技术规格沿用《马克思恩格斯全集》第二版和《列宁全集》第二版的相关规定。在马克思、恩格斯、列宁著作的目录和正文中,凡标有星花 * 的标题都是编者加的;引文中的尖括号〈 〉内的文字和标点符号是马克思、恩格斯、列宁加的;未注明"编者注"的脚注,是马克思、恩格斯、列宁的原注;人名索引的条目按汉语拼音字母顺序排列。在马克思恩格斯著作中,引文里加圈点处是马克思、恩格斯加着重号的地方,目录和正文中方括号［　］内的文字是编者加的。在列宁著作中,凡注明"俄文版编者注"的脚注都是指《列宁全集》俄文第五版编者加的注,人名索引中的条头括号内用黑体字排印的是相关人物的真实姓名,未加黑体的则是笔名、别名、曾用名或绰号。此外,列宁著作标题下括号内的日期是编者加的;编者加的日期,公历和俄历并用时,俄历在前,公历在后。

中共中央 马克思　恩格斯 著作编译局
列　宁　斯大林

2014 年 6 月

目　录

插　图

编　者　引　言

　　《雇佣劳动与资本》是马克思根据 1847 年 12 月下半月在布鲁塞尔德意志工人协会的几次演讲写成的一部重要的政治经济学论著。

　　19 世纪 40 年代，资本主义在欧洲主要国家迅猛发展，资本家对工人的剥削日益加深，资本主义固有矛盾日益尖锐。工人阶级开始作为独立的政治力量登上历史舞台。1847 年 6 月，在马克思、恩格斯的指导和支持下成立了以科学社会主义为指导思想的第一个国际性的无产阶级政党——共产主义者同盟。马克思、恩格斯认为，为了积极开展科学社会主义思想的宣传，需要成立便于公开活动的工人协会。"在这些公开的工人协会后面进行领导的'同盟'，既把协会用做公开宣传活动的极为方便的场所，另一方面，又从中吸收非常能干的成员来充实和发展自己。"（见《马克思恩格斯全集》中文第 2 版第 19 卷第 136 页）1847 年 8 月，在马克思、恩格斯的倡议下，在布鲁塞尔成立了德意志工人协会。1847

年12月,马克思在协会中举办政治经济学系列讲座,剖析资本主义经济制度,揭露资产阶级剥削工人的秘密。1849年马克思在《新莱茵报》上以《雇佣劳动与资本》为题刊载了这些演讲的内容。1891年恩格斯在出版《雇佣劳动与资本》单行本时对该著的论述做了一些补充和修改,以便同马克思后来的新观点保持一致。恩格斯在《导言》中说:"我确信,我在这个版本中为了在一切要点上达到这种一致而作的一些必要的修改和补充,是完全符合他的心愿的。""我所作的全部修改,都归结为一点。在原稿上是,工人为取得工资向资本家出卖自己的劳动,在现在这一版本中则是出卖自己的劳动力。"(见本书第4页)

马克思为了批判资本主义经济制度,从1843年底开始研究政治经济学,写了《1844年经济学哲学手稿》、《哲学的贫困》等著作,《雇佣劳动与资本》是继这些著作之后的又一部政治经济学力作。在这部著作中,马克思用通俗易懂的语言论述了构成资本主义社会中阶级斗争的物质基础的经济关系,阐明"这种经济关系既是资产阶级生存及其阶级统治的基础,又是工人遭受奴役的根由。"(见本书第14页)

马克思从剖析工资的本质着手揭示工人受剥削受奴役的地位。他指出:"工资只是人们通常称之为劳动价格的劳动力价格的特种名称,是只能存在于人的血肉中的这种特殊商品价格的特种名称。"(见本书第16页)这就揭示了资本主义社会中雇佣劳动的性质:"工人的生命活动对于他不过是使他能够生存的一种手段而已。他是为生活而工作的。他甚至不认为劳动是自己生活的一部分;相反,对于他来说,劳动就是牺牲自己的生活。劳动是已由他出卖给别人的一种商品。因此,他的活动的产物也就不是他

的活动的目的。"(见本书第 18 页)

马克思运用唯物史观说明了雇佣劳动与资本都是资本主义社会的产物。"资本以雇佣劳动为前提,而雇佣劳动又以资本为前提。两者相互制约;两者相互产生。"(见本书第 30 页)他指出:"劳动力并不向来就是商品。劳动并不向来就是雇佣劳动,即自由劳动。"(见本书第 18 页)只有在资本主义社会,无产者才被迫成为雇佣劳动者。"工人是以出卖劳动力为其收入的唯一来源的,如果他不愿饿死,就不能离开整个购买者阶级即资本家阶级。工人不是属于某一个资本家,而是属于整个资本家阶级。"(见本书第 19 页)同样,生产资料和生活资料也不向来就是资本。"资本也是一种社会生产关系。这是资产阶级的生产关系,是资产阶级社会的生产关系。""资本不仅包括生活资料、劳动工具和原料,不仅包括物质产品,并且还包括交换价值。资本所包括的一切产品都是商品。"(见本书第 27 页)商品"成为资本,是由于它作为一种独立的社会力量,即作为一种属于社会一部分的力量,通过交换直接的、活的劳动力而保存并增大自身。除劳动能力以外一无所有的阶级的存在是资本的必要前提。"(见本书第 28 页)

马克思通过对资本实质的揭示,阐发了后来在《资本论》中得到科学论证的剩余价值理论的一些重要思想。他不仅研究了剩余价值是从哪里产生的,而且研究了剩余价值是如何产生的。他指出:"资本的实质并不在于积累起来的劳动是替活劳动充当进行新生产的手段。它的实质在于活劳动是替积累起来的劳动充当保存并增加其交换价值的手段。""工人拿自己的劳动力换到生活资料,而资本家拿他的生活资料换到劳动,即工人的生产活动,亦即创造力量。工人通过这种创造力量不仅能补偿工人所消费的东

西,并且还使积累起来的劳动具有比以前更大的价值。"(见本书第 29 页)

马克思通过对"名义工资"、"实际工资"和"相对工资"的具体分析,戳穿了资产阶级经济学家宣扬的"资本家和工人利益一致"的谎言。他说:"即使最有利于工人阶级的情势,即资本的尽快增加改善了工人的物质生活,也不能消灭工人的利益和资产者的利益即资本家的利益之间的对立状态。利润和工资仍然是互成反比的。"(见本书第 37 页)"资本的利益和雇佣劳动的利益是截然对立的。"(见本书第 36 页)他还强调指出,随着社会财富的增加和劳动生产率的提高,工人阶级只是"为自己铸造金锁链,让资产阶级用来牵着它走"(见本书第 37 页)。

本书附录中收载的《工资》是马克思在 1847 年 12 月写的手稿。它同《雇佣劳动与资本》有直接联系,是对这部著作的补充。在这部手稿中,马克思考察了资本主义条件下生产力的提高对工资的影响,指出"新生产力的任何发展同时也成为反对工人的武器"(见本书第 58 页),并得出结论:"在生产资本中,用于机器和原料的份额的增长要比用于生活资料基金的份额的增长快得多。"(见本书第 57 页)这里虽然还没有提出不变资本和可变资本的概念,但已经非常接近他后来所制定的关于资本有机构成的理论。马克思通过分析雇佣劳动和资本之间的关系,揭露了资本家对工人的剥削,同时也指出了以雇佣劳动为基础的资本主义生产关系在历史上的进步作用。他强调指出:"没有这些生产关系,就不会创造出生产资料——解放无产阶级和建立新社会的物质资料,无产阶级本身也就不会团结和发展到真正有能力在旧社会中实行革命并使它自身革命化的程度。"(见本书第 74 页)

《雇佣劳动与资本》首次以社论形式在1849年4月5—8日和11日的《新莱茵报》上连载,后因该报被迫停刊,连载中断,马克思的原计划没有全部实现。1880年,这部著作的单行本首次在布雷斯劳出版,并于1881年再版。1884年,瑞士合作印书馆在霍廷根—苏黎世再次出版这部著作的单行本,并附有恩格斯写的简短前言。1891年,为适应工人群众学习科学社会主义理论的需要,在恩格斯的关心下,这部著作的新单行本在柏林出版。恩格斯根据《资本论》的基本观点和科学论述,对这部著作进行了适当的修改和补充,并写了《导言》。他在《导言》中说明了对这部著作进行补充和修改的理由,还论述了马克思主义政治经济学的科学价值,揭露了资本主义制度的本质,阐明了工人阶级不仅是社会财富的生产者,而且是新社会制度的创造者。这篇《导言》曾以独立的论文形式发表在1891年的多家社会主义报刊上。后来根据1891年单行本翻译的《雇佣劳动与资本》的各种外文版本都收入了恩格斯写的《导言》。

《雇佣劳动与资本》最早在1919年译成中文,在5月9日—6月1日北京《晨报》上以《劳动与资本》为题连载,译者食力;1921年广州人民出版社出版了袁让翻译的中译本:《工钱劳动与资本》;1929年上海泰东图书局出版了朱应祺、朱应会合译的中译本:《工资劳动与资本》;1939年延安解放社出版的由王学文、何锡麟、王石巍合译的《政治经济学论丛》收有《雇佣劳动与资本》;同年8月,生活书店出版了沈志远翻译的《雇佣劳动与资本》。1954年莫斯科外国文书籍出版局出版了唯真校订的中文版《马克思恩格斯文选》两卷集,在第1卷中收入了《雇佣劳动与资本》和恩格斯写的《导言》。

1961 年 8 月中央编译局编译的《马克思恩格斯全集》中文第一版第 6 卷收入了《雇佣劳动与资本》和《工资》,《雇佣劳动与资本》按《新莱茵报》上发表的文本翻译;同年 12 月,出版了《雇佣劳动与资本》单行本,收入了恩格斯写的《导言》,附录中收入了《工资》。1972 年、1995 年,《马克思恩格斯选集》第一、二版均收入了《雇佣劳动与资本》和恩格斯写的《导言》,其中,第一版的译文选自《马克思恩格斯全集》中文第一版第 6 卷,第二版的译文根据 1891 年单行本翻译。2009 年,《马克思恩格斯文集》第 1 卷收入了《雇佣劳动与资本》和恩格斯写的《导言》,并根据 1891 年单行本和《马克思恩格斯全集》德文版对译文和资料进行了审核和修订。收入《文集》的《雇佣劳动与资本》和恩格斯写的《导言》编入 2012 年出版的《马克思恩格斯选集》第三版第 1 卷。

本书中,《雇佣劳动与资本》和恩格斯写的《导言》选自《马克思恩格斯选集》第三版第 1 卷,附录中《工资》的译文根据《马克思恩格斯全集》德文版第 6 卷做了修订。

卡·马克思

雇佣劳动与资本

恩格斯写的1891年单行本导言[1]

　　这部著作从1849年4月5日起以社论的形式陆续发表在《新莱茵报》[2]上。它的基础是1847年**马克思**在布鲁塞尔德意志工人协会[3]作的几次讲演。这部著作没有全文刊载；在第269号上的文章末尾曾刊有"待续"字样，但这一点并未实现，因为当时接连爆发的事变——俄国人开进了匈牙利[4]，德累斯顿、伊瑟隆、埃尔伯费尔德、普法尔茨和巴登发生起义[5]——使报纸本身被迫停刊（1849年5月19日）。这部著作的续稿，在马克思的遗稿中始终没有发现[6]。

　　《雇佣劳动与资本》已经以小册子的形式出版过好几种单行本，最后一次于1884年在霍廷根—苏黎世由瑞士合作印书馆出版。所有以前发行的版本都是一字不动地按原稿印行的。可是，现在刊印的新版是宣传性质的小册子，发行量至少应当是一万册，因此我不免产生了一个问题：在这种情况下，马克思本人是否会同意不加修改地重印呢？

　　在40年代，马克思还没有完成他的政治经济学批判工作。这个工作只是到50年代末才告完成。因此，他在《政治经济学批判。第一分册》①出版（1859年）以前发表的那些著作，有个别地

---

① 见《马克思恩格斯全集》中文第2版第31卷。——编者注

方与他在 1859 年以后写的著作不尽一致,有些用语和整个语句如果用后来的著作中的观点来衡量,是不妥当的,甚至是不正确的。因而不言而喻:在供一般读者阅读的普通版本中,作者的思想发展进程中所包含的这种早期的观点,也应该得到反映;作者和读者都有无可争议的权利要求不加修改地重印这些早期著作。在这种情况下,重印这些早期著作,我连想也不会想到要更改这些著作中的任何一个字。

但是,新刊行的版本可以说是专为在工人中进行宣传工作用的,这与上面所说的情况不同。在这种场合,马克思一定会使这个发表于 1849 年的旧的论述同他的新的观点一致起来。所以我确信,我**在这个版本中**为了在一切要点上达到这种一致而作的一些必要的修改和补充,是完全符合他的心愿的。因此,我要预先告诉读者:这本小册子现在已经不是像马克思在 1849 年写成的那个样子,而大致有些像在 1891 年写成的。况且原本已经大量发行,在我将来有机会把它不加修改地编入全集重印以前,这已经够了。

我所作的全部修改,都归结为一点。在原稿上是,工人为取得工资向资本家出卖自己的**劳动**,在现在这一版本中则是出卖自己的劳动**力**。关于这点修改,我应当作一个解释。向工人们解释,是为了使他们知道,这里并不是单纯的咬文嚼字,而是牵涉到全部政治经济学中一个极重要的问题。向资产者们解释,是为了使他们确信,没有受过教育的工人要比我们那些高傲的"有教养的人"高明得多,因为工人对最艰深的经济学论述也很容易理解,而"有教养的人"对这种复杂的问题却终身也解决不了。

古典政治经济学从工业实践方面因袭了工厂主的流行的看法,仿佛工厂主所购买和偿付的是自己的工人的**劳动**。这一看法对于工厂主进行营业、记账和计算价格来说,是完全够用了。可是,把这个看法天真地搬到政治经济学中去,就在那里造成了不可思议的谬误和混乱。

经济学碰到了这样一个事实,即一切商品的价格,包括在经济学中被称做"劳动"的那个商品的价格在内,不断地发生变动;由于那些往往与商品本身的生产毫不相关的各种各样的情况的影响,商品的价格忽而上涨,忽而下降,因而使人觉得价格通常是由纯粹的偶然情况来决定的。当经济学作为科学出现的时候,它的首要任务之一就是要找出隐藏在这种表面支配着商品价格的偶然情况后面,而实际上却在支配着这种偶然情况本身的规律。在商品价格不断地时而上涨、时而下降的变动和波动中,经济学要找出这种变动和波动所围绕的稳定的轴心。一句话,它要从商品**价格**出发,找出作为调节价格的规律的商品**价值**,价格的一切变动都可以根据价值来加以说明,而且归根到底都以价值为依归。

于是古典经济学就发现了,商品的价值是由商品所包含的、为生产该商品所必需的劳动来决定的。古典经济学满足于这样的解释。我们也可以暂且到此为止。不过为了避免误会起见,我认为需要提醒一下,这种解释在今天已经完全不够了。马克思曾经第一个彻底研究了劳动所具有的创造价值的特性,并且发现,并非任何仿佛是或者甚至真正是生产某一商品所必需的劳动,都会在任何条件下给这一商品追加一个与所消耗的劳动量相当的价值量。因此,如果我们现在还是简单地采用李嘉图这样的经济学家们的说法,指出商品的价值是由生产该商品所必需的劳动决定的,那么我们在这里总是以马克思所提出的那些附带条件为当然前提的。这里指出这一点就够了。其余的可以在马克思 1859 年发表的《政治经济学批判》一书和《资本论》第一卷里找到。①

可是只要经济学家将价值由劳动来决定这个观点应用到"劳动"这个商品上去,他们马上就陷进一连串的矛盾之中。"劳动"的价值是由什么决定的呢?是由它所包含的必要劳动来决定的。但是,在一个工人一天、一星期、一个月、一年的劳动里面,包含有多少劳动呢?包含有一天、一星期、一个月、一年的劳动。假如劳动是一切价值的尺度,那么我们只能用劳动来表现"劳动的价值"。但是假如我们只知道一小时劳动的价值等于一小时劳动,那么我们对一小时劳动的价值就绝对地毫无所知。这样,我们丝毫也没有接近我们的目的,总是在一个圈子里打转。

于是古典经济学就企图另找出路,它说:商品的价值等于它的生产费用。但是劳动的生产费用又是什么呢?为了答复这个问题,经济学家们不得不对逻辑施加一些暴行。他们不去考察劳动本身的生产费用(遗憾得很,这是不能确定的),而去考察什么是**工人**的生产费用。而这种生产费用是可以确定的。它是随着时间和情况而改变的,可是在一定的社会状况下,在一定的地方,在一定的生产部门中,它同样是个特定的量,至少在相当狭小的范围内是个特定的量。我们现在是生活在资本主义生产占统治的条件下,在这里,居民中的一个人数众多并且不断增长的阶级,只有为生产资料(工具、机器、原料)和生活资料占有者工作以挣得工资,才能生存。在这种生产方式的基础上,工人的生产费用就是为了使工人具有劳动能力,保持其劳动能力,以及在他因年老、疾病或

---

① 见《马克思恩格斯全集》中文第 2 版第 31 卷第 419—445 页和《马克思恩格斯选集》第 3 版第 2 卷第 95—127 页。——编者注

死亡而脱离生产时用新的工人来代替他,也就是为了使工人阶级能够以必要的数量繁殖下去所平均必需的生活资料数量,或者是这些生活资料的货币价格。现在我们假定,这些生活资料的货币价格是平均每天 3 马克。

这样,我们这个工人从雇他的资本家那里得到一天 3 马克的工资。资本家借此让他一天工作比如说 12 小时。在这当中,资本家大致是这样盘算的:

假定我们的这个工人—— 一个钳工——应当做出他在一天里所能做成的一个机器零件。假定原料——加工制成必要样式的铁和铜——值 20 马克。又假定蒸汽机的耗煤量,以及这蒸汽机、旋床和这个工人所使用的一切其他工具的损耗,按一天时间和按他所占的份额计算,值 1 马克。一天的工资,照我们的假定是 3 马克。总共算起来,我们所说的这个机器零件要耗费 24 马克。但是资本家却打算平均从零件购买者手上取得 27 马克的价格,即要比他所支出费用多 3 马克。

资本家装到自己腰包里去的这 3 马克是从哪里得来的呢?按照古典经济学的说法,商品是平均按照它的价值出卖的,也就是按照相当于这商品中所包含的必要劳动量的价格出卖的。于是,我们所说的这个机器零件的平均价格—— 27 马克——就和它的价值相等,即和它里面所包含的劳动量相等。但是,在这 27 马克当中,有 21 马克是在我们所说的这个钳工开始工作以前就已经存在的价值;20 马克包含在原料中,1 马克包含在工作期间所燃去的煤中,或是包含在当时所使用,因而工作效能已经按这一价值额降低了的机器和工具中。剩下的 6 马克被加到原料的价值上去了。但是按照我们那些经济学家自己的假定,这 6 马克只能是从我们所说的这个工人加到原料上去的那个劳动中产生的。这样一来,他12小时的劳动创造了6马克的新价值。因此,他的12小时劳动的价值就等于6马克,这样我们就会终于发现什么是"劳动的价值"了。

"等一等!"——我们所说的这个钳工说,——"6马克吗?但是我只拿到3马克呀!我的资本家向天发誓说,我的12小时劳动的价值只等于3马克,假使我向他要6马克,就要被他嗤笑。这到底是怎么回事呢?"

如果说前面在谈到劳动价值问题的时候,我们曾经陷在一个圈子里走不出去,那么现在我们又完全陷进一个不能解决的矛盾之中。我们寻找劳动的价值,而我们所找到的却多于我们所需要的。对于工人说来,12小时劳动的价值是3马克;对于资本家说来却是6马克,资本家从这6马克中拿出3马克作为工资付给工人,而其余3马克则装进了自己的腰包。这样看来,劳动不是有一个价值,而是有两个价值,并且是两个极不相同的价值!

如果我们把货币所表现的价值归结为劳动时间,那么这个矛盾就显得更加荒谬了。在12小时劳动时间内创造了6马克的新价值。这就是说,在6小时内创造的是3马克,即工人劳动12小时所得到的那个数目。工人劳动了12小时,而他当做等价物得到的却是6小时劳动的产品。因此,或者是劳动有两个价值,其中一个比另一个大一倍,或者是12等于6!两种情况都是极端荒谬的。

不管我们怎样挣扎,只要我们还是讲劳动的买卖和劳动的价值,我们就不能够摆脱这种矛盾。经济学家的情况就是这样。古典经济学的最后一个分支——李嘉图学派[7],多半是由于不能解决

8

这个矛盾而遭到了破产。古典经济学走入了绝境。从这种绝境中找到出路的那个人就是卡尔·马克思。

经济学家所看做"劳动"生产费用的,并不是劳动的生产费用,而是活的工人本身的生产费用。而这个工人出卖给资本家的,也不是他的劳动。马克思说:"当工人的劳动实际上开始了的时候,它就不再属于工人了,因而也就不再能被工人出卖了。"①因此,他最多只能出卖他自己的**未来的**劳动,也就是说,他只能承担在一定时间内完成一定工作的义务。但是,这样他就不是出卖劳动(这劳动还有待去完成),而是为了获得一定的报酬让资本家在一定的时间内(在计日工资下)或为完成一定的工作(在计件工资下)支配自己的劳动力:他出租或出卖自己的**劳动力**。可是,这个劳动力是同工人本身长在一起而不可分割的。所以它的生产费用是和工人本身的生产费用一致的;那些被经济学家称为劳动生产费用的,恰恰就是工人的生产费用,因而也就是劳动力的生产费用。这样一来,我们就能从劳动力的生产费用进而谈到劳动力的**价值**,并确定为生产一定质量的劳动力所需要的社会必要劳动量,——马克思在论劳动力买卖的那一节里也就是这样做的(《资本论》第一卷第四章第 3 节②)。

那么,在工人把自己的劳动力卖给资本家之后,就是说为了获得预先讲定的工资——计日工资或计件工资——而把自己的劳动力交给资本家去支配之后,情形又怎样了呢? 资本家把这个工人带到自己的工场或工厂里去,在那里已经有了工作上所必需的各

---

① 见马克思《资本论》第 1 卷,《马克思恩格斯选集》第 3 版第 2 卷第 244 页。——编者注
② 见《马克思恩格斯选集》第 3 版第 2 卷第 163—168 页。——编者注

种东西:原料,辅助材料(煤、染料等等),工具,机器。于是工人就在这里开始工作起来。假定他一天的工资跟前面所假定的一样是3马克,——至于他是以计日工资还是以计件工资获得这笔工资,那没有什么关系。这里我们还是照前面那样假定,工人在12小时内用自己的劳动在被使用的原料上追加了6马克的新价值,这个新价值是资本家在出卖成品的时候实现的。从这6马克中,他付给工人3马克,剩下的3马克则留给自己。但是,假定工人在12小时里生产6马克的价值,那么在6小时里他所创造的就是3马克的价值。这样,工人在替资本家工作了6小时之后,就已经把包含在工资中的3马克等量价值偿还给资本家了。在6小时劳动以后双方两讫,谁也不欠谁一文钱。

"等一等!"——现在是资本家叫起来了,——"我雇工人是雇的一整天,是12小时。6小时只有半天。快去把剩下的6小时做完,只有到那时我们才算是两讫!"于是这个工人实际上只得去履行他自己"自愿"签订的合同,根据那个合同,他为了值6小时的劳动产品,应该去工作整整12小时。

计件工资的情形也是如此。假定我们所说的这个工人在12小时内制成了12件商品。每件商品所用去的原料和机器的损耗共计2马克,而每件商品却卖 $2\frac{1}{2}$ 马克。这样,在上面所假设的同样条件下,资本家只付给工人每件商品25分尼。12件就是3马克;要得到这3马克,工人必须工作12小时。资本家从12件商品上得到30马克。扣除原料和机器损耗共24马克外,还剩下6马克,从这6马克中,他拿出3马克作为工资付给工人,而把其余3马克放进了自己的腰包。全部情形完全和上面一样。这里工人为自己工作6小时,即为偿还自己的工资而工作6小时(在12小时中,每小时为自己工作半小时),而为资本家工作 6 小时。

那些最优秀的经济学家从"劳动"价值出发而无法解决的困难,一到我们把"劳动力"价值作为出发点,就消失不见了。在我们当代的资本主义社会里,劳动力是商品,是跟任何其他的商品一样的商品,但却是一种完全特殊的商品。这就是说,这个商品具有一种独特的特性:它是创造价值的力量,是价值的源泉,并且——在适当使用的时候——是比自己具有的价值更多的价值的源泉。在现代生产状况下,人的劳动力不仅仅在一天里能生产超过它本身具有的和消耗的价值;而且随着每一个新的科学发现,随着每一项新的技术发明,劳动力的一天产品超出其一天费用的那个余额也在不断增长,因而工作日中工人为偿还自己一天的工资而工作的那一部分时间就在缩短;另一方面,工人不得不为资本家**白白工作**而不取分文报酬的那部分时间却在延长。

这就是我们的全部当代社会的经济制度:工人阶级是生产全部价值的唯一的阶级。因为价值只是劳动的另一种表现,是我们当代资本主义社会中用以表示包含在一定商品中的社会必要劳动量的一种表现。但是,这些由工人所生产的价值不属于工人,而是属于那些占有原料、机器、工具和预付资金,因而有可能去购买工人阶级的劳动力的所有者。所以,工人阶级从他们所生产的全部产品中只取回一部分。另一部分,即资本家阶级保留在自己手里并至多也只需和土地所有者阶级瓜分的那一部分,如我们刚才所说的那样,随着每一项新的发明和发现而日益增大,而落到工人阶级手中的那一部分(按人口计算)或者增加得很慢和很少,或者是一点也不增加,并且在某些情况下甚至还会缩减。

但是,这些日益加速互相排挤的发明和发现,这种以前所未有的幅度日益提高的人类劳动的生产率,最终必将造成一种使当代资本主义经济走向灭亡的冲突。一方面是不可计量的财富和购买者无法对付的产品过剩,另一方面是社会上绝大多数人口无产阶级化,变成雇佣工人,因而无力获得这些过剩的产品。社会分裂为人数很少的过分富有的阶级和人数众多的无产的雇佣工人阶级,这就使得这个社会被自己的富有所窒息,而同时社会的绝大多数成员却几乎没有或完全没有免除极度贫困的任何保障。社会的这种状况日益显得荒谬,日益显得没有存在的必要。这种状况**应当**被消除,而且**能够**被消除。一个新的社会制度是可能实现的,在这个制度之下,当代的阶级差别将消失;而且在这个制度之下——也许在经过一个短暂的、有些艰苦的、但无论如何在道义上很有益的过渡时期以后——,通过有计划地利用和进一步发展一切社会成员的现有的巨大生产力,在人人都必须劳动的条件下,人人也都将同等地、愈益丰富地得到生活资料、享受资料、发展和表现一切体力和智力所需的资料。现在工人们正日益坚决地为实现这个新的社会制度而斗争,这一点,明天(5月1日)和星期日(5月3日)[8]将在大洋两岸都得到验证。

弗里德里希·恩格斯

1891 年 4 月 30 日于伦敦

弗·恩格斯写于 1891 年 4 月底

载于 1891 年 5 月 13 日《前进报》第 109 号附刊

原文是德文

选自《马克思恩格斯选集》第 3 版第 1 卷第 317—326 页

雇佣劳动与资本

　　我们听到了各方面的责难,说我们没有叙述构成现代阶级斗争和民族斗争的物质基础的**经济关系**。① 我们只是当这些关系在政治冲突中直接突显出来的时候,才有意地提到过这些关系。

　　过去我们要做的首先是从日常历史进程中去考察阶级斗争,并根据已有的和每天新出现的历史材料来从经验上证明:当进行过二月革命**9**和三月革命**10**的工人阶级遭到镇压的时候,工人阶级的敌人(在法国是资产阶级共和派,在整个欧洲大陆则是反对过封建专制制度的资产阶级和农民阶级)也同时被战胜了;法国"正直的共和国"的胜利,同时也就是以争取独立的英勇战争响应了二月革命的那些民族的失败;最后,随着革命工人的失败,欧洲又落到了过去那种受双重奴役即受**英俄两国**奴役的地位。巴黎的六月斗争**11**,维也纳的陷落**12**,1848 年柏林 11 月②的悲喜剧**13**,波兰、意大利和匈牙利的拼命努力,爱尔兰的严重饥荒——这些就是集中表现了欧洲资产阶级和工人阶级之间的阶级斗争的主要事件。我们曾经根据这些实例证明过:任何一次革命起义,不论它的

---

① 在《新莱茵报》上发表时,这句话的前面加有"科隆 4 月 4 日"。——编者注
② 在《新莱茵报》上发表时,"柏林 11 月"前面没有"1848 年"。——编者注

目的显得离阶级斗争有多么远,在革命的工人阶级没有获得胜利以前,都是注定要失败的;任何一种社会改革,在无产阶级革命和封建反革命没有在**世界战争**中用武器进行较量以前,都是要成为空想的。在我们的阐述中,也如在现实中一样,**比利时**和**瑞士**都是巨幅历史画卷中的悲喜剧式的、漫画式的世俗画:前者是资产阶级君主制的典型国家,后者是资产阶级共和制的典型国家,两者都自以为既跟阶级斗争无关,又跟欧洲革命无关。

现在,在我们的读者看到了 1848 年以波澜壮阔的政治形式展开的阶级斗争以后,我们想更切近地考察一下经济关系本身,也就正当其时了,因为这种经济关系既是资产阶级生存及其阶级统治的基础,又是工人遭受奴役的根由。

我们分三大部分来加以说明:(1)**雇佣劳动对资本**的关系,工人遭受奴役的地位,资本家的统治;(2)**各个中间市民阶级和所谓的市民等级①在现存制度下必然发生的灭亡过程**;(3)**欧洲各国资产者阶级在商业上受世界市场霸主英国的奴役和剥削的情形**。

我们力求说得尽量简单和通俗,我们就当读者连最起码的政治经济学概念也没有。我们希望工人能明白我们的解说。加之,在德国到处都存在着对最简单的经济关系极端无知和理解混乱的现象,从特许的现存制度的辩护者到**冒牌的社会主义者和未被承认的政治天才**都莫不如此,这种人在四分五裂的德国比诸侯王爷还多。

我们首先来讲第一个问题:什么是工资?它是怎样决定的?

假如问工人们:"你们的工资是多少?"那么一个工人回答说:

---

① 在《新莱茵报》上发表时,不是"**所谓的市民等级**",而是"**农民等级**"。
　　——编者注

Neue Rheinische Zeitung

Organ der Demokratie.

№ 264.   Köln, Donnerstag, den 5. April   1849.

1849 年 4 月 5 日的《新莱茵报》，
载有《雇佣劳动与资本》一文的第一部分

"我做一天工从我的雇主那里得到一马克①";另一个工人回答说:"我得到两马克",等等。由于他们隶属的劳动部门不同,他们每一个人因②做了一定的工作(比如,织成一尺麻布或排好一个印张的字)而从各自的雇主那里得到的货币数量也不同。尽管他们得到的货币数量不同,但是有一点是一致的:工资是资本家③为一定的劳动时间或一定的劳动付出而偿付的一笔货币。

可见④,看起来好像是资本家③用货币**购买**工人的劳动。工人是为了货币而向资本家**出卖**自己的劳动。但这只是假象。实际上,他们为了货币而向资本家出卖的东西,是他们的劳动力。资本家以一天、一星期、一个月等等为期购买这个劳动力。他在购买劳动力以后使用这个劳动力,也就是让工人在约定的时间内劳动。⑤资本家③用以购买工人劳动力⑥的那个货币量,比如说两马克,也可以买到两磅糖或一定数量的其他某种商品。他用以购买两磅糖的两马克,就是两磅糖的**价格**。他用以购买 12 小时的劳动力的使用⑦的两马克,就是 12 小时劳动的价格。可见,劳动力⑥是一种

① 在《新莱茵报》上发表时不是"马克",而是"法郎"。以下出现的"马克"原来也都是"法郎"。——编者注
② 在《新莱茵报》上发表时,此处在"因"后面有"劳动了一定的时间或"。——编者注
③ 在《新莱茵报》上发表时不是"资本家",而是"资产者"。——编者注
④ 在《新莱茵报》上发表时,"可见"后面没有"看起来好像是"。——编者注
⑤ 在《新莱茵报》上发表时没有"但这只是假象…… 也就是让工人在约定的时间内劳动"这几句话。——编者注
⑥ 在《新莱茵报》上发表时不是"劳动力",而是"劳动"。——编者注
⑦ 在《新莱茵报》上发表时不是"劳动力的使用",而是"劳动"。——编者注

商品,是和砂糖一模一样的商品。前者是用钟点来计量的,后者是用重量来计量的。

工人拿自己的商品即劳动力①去换得资本家的商品,即换得货币,并且这种交换是按一定的比例进行的。一定量的货币交换一定量的劳动力的使用②时间。织布工人的 12 小时劳动交换两马克。但是,难道这两马克不是代表其他一切可以用两马克买到的商品吗?可见,实质上工人是拿他自己的商品即劳动力交换各种各样的其他商品③,并且是按一定的比例交换的。资本家付给他两马克,就是为交换他的工作日而付给了他一定量的肉,一定量的衣服,一定量的劈柴,一定量的灯光,等等。可见,这两马克是表现劳动力①同其他④商品相交换的比例,即表现他的劳动力①的**交换价值**。商品通过**货币**来估价的交换价值,也就称为商品的**价格**。所以,**工资**只是人们通常称之为**劳动价格的劳动力价格**⑤的特种名称,是只能存在于人的血肉中的这种特殊商品价格的特种名称。

拿任何一个工人来说,比如拿一个织布工人来说吧。资本家⑥供给他一台织布机和一些纱。织布工人动手工作,把纱织成了布。资本家把布拿去,卖了比方说 20 马克。织布工人的工资是

① 在《新莱茵报》上发表时不是"劳动力",而是"劳动"。——编者注

② 在《新莱茵报》上发表时不是"劳动力的使用",而是"劳动"。——编者注

③ 在《新莱茵报》上发表时不是"劳动力交换各种各样的其他商品",而是"劳动交换各种各样的商品"。——编者注

④ 在《新莱茵报》上发表时没有"其他"一词。——编者注

⑤ 在《新莱茵报》上发表时,不是"人们通常称之为**劳动价格的劳动力价格**",而是"**劳动价格**"。——编者注

⑥ 在《新莱茵报》上发表时不是"资本家",而是"资产者"。——编者注

不是这块布中的**一份**,20 马克中的**一份**,他的劳动产品中的**一份**呢? 绝对不是。因为这个织布工人是在布还没有卖出以前很久,甚至可能是在布还没有织成以前很久就得到了自己的工资的。可见,资本家支付的这笔工资并不是来自他卖布所赚的那些货币,而是来自他原来储备的货币。资产者给织布工人提供的织布机和纱不是织布工人的产品,同样,织布工人用自己的商品即劳动力①交换所得的那些商品也不是他的产品。可能有这样的情形:资产者给自己的布找不到一个买主。他出卖布所赚的钱,也许甚至不能捞回他用于开销工资的款项。也有可能他出卖布所得的钱,比他付给织布工人的工资数目大得多。这一切都与织布工人毫不相干。资本家拿自己的一部分现有财产即一部分资本去购买织布工人的劳动力①,这就同他拿他的另一部分资本去购买原料(纱)和劳动工具(织布机)完全一样。购买了这些东西(其中包括生产布所必需的劳动力①)以后,资本家就用只是**属于他的原料和劳动工具**进行生产。当然,我们这位善良的织布工人现在也属于劳动工具之列,他也像织布机一样在产品中或在产品价格中是没有份的。

所以,工资不是工人在他所生产的商品中占有的一份。工资是原有商品中由资本家用以购买一定量的生产性劳动力①的那一部分。

总之,劳动力①是一种商品,是由其所有者即雇佣工人出卖给资本的一种商品。他为什么出卖它呢? 为了生活。

可是,劳动力的表现即②劳动是工人本身的生命活动,是工人

---

① 在《新莱茵报》上发表时不是"劳动力",而是"劳动"。——编者注
② 在《新莱茵报》上发表时没有"劳动力的表现即"。——编者注

本身的生命的表现。工人正是把这种**生命活动**出卖给别人，以获得自己所必需的**生活资料**。可见，工人的生命活动对于他不过是使他能够生存的一种**手段**而已。他是为生活而工作的。他甚至不认为劳动是自己生活的一部分；相反，对于他来说，劳动就是牺牲自己的生活。劳动是已由他出卖给别人的一种商品。因此，他的活动的产物也就不是他的活动的目的。工人为自己生产的不是他织成的绸缎，不是他从金矿里开采出的黄金，也不是他盖起的高楼大厦。他为自己生产的是**工资**，而绸缎、黄金、高楼大厦对于他都变成一定数量的生活资料，也许是变成棉布上衣，变成铜币，变成某处地窖的住所了。一个工人在一昼夜中有 12 小时在织布、纺纱、钻孔、研磨、建筑、挖掘、打石子、搬运重物等等，对于他来说，这12 小时的织布、纺纱、钻孔、研磨、建筑、挖掘、打石子能不能被看成是他的生活的表现，是他的生活呢？恰恰相反，对于他来说，在这种活动停止以后，当他坐在饭桌旁，站在酒店柜台前，睡在床上的时候，生活才算开始。在他看来，12 小时劳动的意义并不在于织布、纺纱、钻孔等等，而在于**挣钱**，挣钱使他能吃饭、喝酒、睡觉。如果说蚕儿吐丝作茧是为了维持自己的生存，那么它就可算是一个真正的雇佣工人了。

劳动力①并不向来就是**商品**。劳动并不向来就是雇佣劳动，即**自由**劳动。**奴隶**就不是把他自己的劳动力①出卖给奴隶主，正如耕牛不是向农民出卖自己的劳务一样。奴隶连同自己的劳动力①一次而永远地卖给奴隶的所有者了。奴隶是商品，可以从一个所有者手里转到另一个所有者手里。**奴隶本身**是商品，但劳动

---

① 在《新莱茵报》上发表时不是"劳动力"，而是"劳动"。——编者注

力①却不是**他的**商品。**农奴**只出卖自己的一部分劳动力①。不是他从土地所有者方面领得报酬;相反,是土地所有者从他那里收取贡赋。农奴是土地的附属品,替土地所有者生产果实。相反,**自由工人**自己出卖自己,并且是零碎地出卖。他日复一日地把自己生命中的 8 小时、10 小时、12 小时、15 小时拍卖给出钱最多的人,拍卖给原料、劳动工具和生活资料的所有者,即拍卖给资本家。工人既不属于某个所有者,也不属于土地,但是他每日生命的 8 小时、10 小时、12 小时、15 小时却属于这些时间的购买者。工人只要愿意,就可以离开雇用他的资本家,而资本家也可以随意辞退工人,只要资本家不能再从工人身上获得利益或者获得预期的利益,他就可以辞退工人。但是,工人是以出卖劳动力①为其收入的唯一来源的,如果他不愿饿死,就不能离开**整个购买者阶级即资本家阶级。工人不是属于某一个资本家,而是属于整个资本家阶级**②;至于工人给自己寻找一个雇主,即在这个资本家阶级③中间寻找一个买者,那是工人自己的事情了。

现在,在更详细地谈论资本和雇佣劳动之间的关系以前,我们先简短地叙述一下在决定工资时要考虑到的一些最一般的条件。

我们已经说过,**工资**是一定商品即劳动力①的**价格**。所以,工资同样也是由那些决定其他一切商品价格的规律决定的。

那么,试问:**商品的价格是怎样决定的呢**?

---

① 在《新莱茵报》上发表时不是"劳动力",而是"劳动"。——编者注

② 在《新莱茵报》上发表时不是"**不是属于某一个资本家,而是属于整个资本家阶级**";而是"**不是属于某个资产者,而是属于整个资产阶级,即资产者阶级**"。——编者注

③ 在《新莱茵报》上发表时不是"资本家阶级",而是"资产者阶级"。——编者注

商品的价格是由什么决定的?①

它是由买者和卖者之间的竞争即需求和供给的关系决定的。决定商品价格的竞争是**三方面**的。

同一种商品,有许多不同的卖者供应。谁以最便宜的价格出卖同一质量的商品,谁就一定会战胜其他卖者,从而保证自己有最大的销路。于是,各个卖者彼此间就进行争夺销路、争夺市场的斗争。他们每一个人都想出卖商品,都想尽量多卖,如果可能,都想由他一个人独卖,而把其余的出卖者排挤掉。因此,一个人就要比另一个人卖得便宜些。于是**卖者之间**就发生了**竞争**,这种竞争**降低**他们所供应的商品的价格。

但是**买者之间**也有**竞争**,这种竞争反过来**提高**所供应的商品的价格。

最后,**买者和卖者之间**也有**竞争**。前者想买得尽量便宜些,**后者**却想卖得尽量贵些。买者和卖者之间的这种竞争的结果怎样,要依上述竞争双方的情况如何来决定,就是说要看是买者阵营里的竞争激烈些呢还是卖者阵营里的竞争激烈些。产业把两支军队抛到战场上对峙,其中每一支军队内部又发生内讧。战胜敌人的是内部冲突较少的那支军队。

假定,市场上有 100 包棉花,而买者们却需要 1 000 包。在这种情形下,需求比供给大 10 倍,因而买者之间的竞争就会很激烈;他们中间的每一个人都竭力设法至少也要搞到 1 包,如果可能,就把 100 包全都搞到手里。这个例子并不是随意虚构的。在商业史

---

① 在《新莱茵报》上发表时,这句话的前面加有"科隆 4 月 5 日"。——编者注

上有过这样一些棉花歉收的时期,那时几个资本家彼此结成联盟,不只想把 100 包棉花都买下来,而且想把世界上的全部存棉都买下来。这样,在我们前述的情形下,每一个买者都力图排挤掉另一个买者,出较高的价格收购每包棉花。棉花的卖者们看见敌军队伍里发生十分剧烈的内讧,并完全相信他们的 100 包棉花都能卖掉,因此他们就严防自己内部打起架来,以免在敌人竞相抬高价格的时候降低棉花的价格。于是卖者阵营里忽然出现了和平。他们冷静地叉着双手,像**一个人**似的对抗买者;只要那些最热衷的买者的出价没有非常确定的限度,卖者的贪图就没有止境。

可见,某种商品的供给低于需求,那么这种商品的卖者之间的竞争就会很弱,甚至于完全没有竞争。卖者之间的竞争在多大程度上减弱,买者之间的竞争就会在多大程度上加剧。结果便是商品价格或多或少显著地上涨。

大家知道,较为常见的是产生相反后果的相反情形:供给大大超过需求,卖者之间拼命竞争;买者少,商品贱价抛售。

但是,价格上涨和下跌是什么意思呢? 高价和低价是什么意思呢? 沙粒在显微镜下显得很高,而宝塔同山岳相比却显得很低。既然价格是由需求和供给的关系决定的,那么需求和供给的关系又是由什么决定的呢?

让我们随便问一个资产者吧。他会像一个新的亚历山大大帝一样,马上毫不犹豫地利用乘法表来解开这个形而上学的纽结。他会对我们说,假如我生产我出卖的这个商品的费用是 100 马克,而我把它卖了 110 马克(自然是以一年为期),那么这是一种普通的、老实的、正当的利润。假如我在进行交换时得到了 120 或 130 马克,那就是高额利润了。假如我得到了整整 200 马克,那就会是特高的巨额利润了。对于这个资产者来说,究竟什么是衡量利润的**尺度**呢？这就是他的商品的**生产费用**。假如他拿自己的商品换来一定数量的别种商品,其生产费用少于他的商品的生产费用,那他就算亏本了。可是假如他拿自己的商品换来一定数量的别种商品,其生产费用大于他的商品的生产费用,那他就算赢利了。他是以**生产费用**作为零度,根据他的商品的交换价值在零度上下的度数来测定他的利润的升降的。

我们已经说过,需求和供给的关系的改变,时而引起价格的上涨,时而引起价格的下跌,时而引起高价,时而引起低价。

假如某一种商品的价格,由于供给不足或需求剧增而大大上涨,那么另一种商品的价格就不免要相应地下跌,因为商品的价格不过是以货币来表示的别种商品和它交换的比例。举例说,假如一码绸缎的价格从五马克上涨到六马克,那么白银的价格对于绸缎来讲就下跌了,其他一切商品也都是这样,它们的价格虽然没有改变,但比起绸缎来却是跌价了。人们在交换中必须拿出更多的商品才能得到原来那么多的绸缎。

商品价格上涨会产生什么后果呢？大量资本将涌向繁荣的产业部门中去,而这种资本流入较为有利的产业部门中去的现象,要继续到该部门的利润跌落到普通水平时为止,或者更确切些说,要继续到该部门产品的价格由于生产过剩而跌落到生产费用以下时为止。

反之,假如某一种商品的价格跌落到它的生产费用以下,那么资本就会从该种商品的生产部门抽走。除了该产业部门已经不合时代要求,因而必然衰亡以外,该商品的生产,即该商品的供给,就要因为资本的这种外流而缩减,直到该商品的供给和需求相适应为止,就是说,直到该商品的价格重新上涨到它的生产费用水平,或者更确切些说,直到供给低于需求,即直到商品价格又上涨到它的生产费用以上为止,因为**商品的市场价格总是高于或低于它的生产费用**。

我们看到,资本是不断地从一个产业部门向另一个产业部门流出或流入的。价格高就引起资本的过分猛烈的流入,价格低就引起资本的过分猛烈的流出。

我们还可以从另一个角度来证明:不仅供给,连需求也是由生产费用决定的。可是,这样一来,我们就未免离题太远了。

我们刚才说过,供给和需求的波动,总是会重新把商品的价格引导到生产费用的水平。**固然,商品的实际价格始终不是高于生产费用,就是低于生产费用;但是,上涨和下降是相互补充的**,因此,在一定时间内,如果把产业衰退和兴盛总合起来看,就可看出各种商品是依其生产费用而互相交换的,所以它们的价格是由生产费用决定的。

价格由生产费用决定这一点,不应当理解成像经济学家们所理解的那种意见。经济学家们说,商品的**平均价格**等于生产费用;在他们看来,这是一个**规律**。他们把价格的上涨被价格的下降所抵消,而下降则被上涨所抵消这种无政府状态的运动看做偶然现象。那么,同样也可以(另一些经济学家就正是这样做的)把价格的波动看做规律,而把价格由生产费用决定这一点看做偶然现象。可是,只有在这种波动的进程中,价格才是由生产费用决定的;我们细加分析时就可以看出,这种波动起着极可怕的破坏作用,并像地震一样震撼资产阶级社会的基础。这种无秩序状态的总运动就是它的秩序。在这种产业无政府状态的进程中,在这种循环运动中,竞争可以说是拿一个极端去抵消另一个极端。

由此可见,商品的价格是这样由它的生产费用来决定的:某些时期,某种商品的价格超过它的生产费用,另一些时期,该商品的价格却下跌到它的生产费用以下,而抵消以前超过的时期,反之亦然。当然,这不是就个别产业的产品来说的,而只是就整个产业部门来说的。所以,这同样也不是就个别产业家来说的,而只是就整个产业家阶级来说的。

价格由生产费用决定,就等于说价格由生产商品所必需的劳动时间决定,因为构成生产费用的是:(1)原料和劳动工具的损耗部分①,即产业产品,它们的生产耗费了一定数量的工作日,因而也就是代表一定数量的劳动时间;(2)直接劳动,它也是以时间计量的。

调节一般商品价格的那些一般的规律,当然也调节**工资**,即调节**劳动价格**。

劳动报酬忽而提高,忽而降低,是依需求和供给的关系为转移的,依购买劳动力②的资本家和出卖劳动力②的工人之间的竞争情形为转移的。工资的波动一般是和商品价格的波动相适应的。**可是,在这种波动的范围内,劳动的价格是由生产费用即为创造劳动力②这一商品所需要的劳动时间来决定的。**

那么,劳动力③的生产费用究竟是什么呢?

这就是为了使工人保持其为工人并把他训练成为工人所需要

---

① 在《新莱茵报》上发表时不是"劳动工具的损耗部分",而是"劳动工具"。——编者注
② 在《新莱茵报》上发表时不是"劳动力",而是"劳动"。——编者注
③ 在《新莱茵报》上发表时不是"**劳动力**",而是"**劳动本身**"。——编者注

的费用。

因此,某一种劳动所需要的训练时间越少,工人的生产费用也就越少,他的劳动的价格即他的工资也就越低。在那些几乎不需要任何训练时间,只要有工人的肉体存在就行的产业部门里,为造成工人所需要的生产费用,几乎只归结为维持工人的具有劳动能力的生命①所需要的商品。因此,**工人的劳动的价格**是由**必要生活资料的价格**决定的。

可是,这里还应该注意到一种情况。

工厂主在计算自己的生产费用,并根据生产费用计算产品的价格的时候,是把劳动工具的损耗也计算在内的。比如说,一台机器值1 000马克,使用期限为10年,那么他每年就要往商品价格中加进100马克,以便在10年期满时有可能用新机器来更换用坏的机器。同样,简单劳动力②的生产费用中也应加入延续工人后代的费用,从而使工人种族能够繁殖后代并用新工人来代替失去劳动能力的工人。所以,工人的损耗也和机器的损耗一样,是要计算进去的。

总之,简单劳动力②的生产费用就是**维持工人生存和延续工人后代的费用**。这种维持生存和延续后代的费用的价格就是工资。这样决定的工资就叫做**最低工资额**。这种最低工资额,也和商品价格一般由生产费用决定一样,不是就**单个人**来说的,而是就整个**种属**来说的。单个工人、千百万工人的所得不足以维持生存和延续后代,但**整个工人阶级的工资**在其波动范围内则是和这个

---

① 在《新莱茵报》上发表时不是"具有劳动能力的生命",而是"生命"。——编者注
② 在《新莱茵报》上发表时不是"劳动力",而是"劳动"。——编者注

最低额相等的。

现在,我们既已讲明了调节工资以及其他任何商品的价格的最一般规律,我们就能更切近地研究我们的本题了。

资本是由用于生产新的原料、新的劳动工具和新的生活资料的各种原料、劳动工具和生活资料组成的。① 资本的所有这些组成部分都是劳动的创造物,劳动的产品,**积累起来的劳动**。作为进行新生产的手段的积累起来的劳动就是资本。

经济学家们就是这样说的。

什么是黑奴呢? 黑奴就是黑种人。这个说明和前一个说明是一样的。

黑人就是黑人。只有在一定的关系下,他才成为**奴隶**。纺纱机是纺棉花的机器。只有在一定的关系下,它才成为**资本**。脱离了这种关系,它也就不是资本了,就像**黄金**本身并不是**货币**,砂糖并不是砂糖的**价格**一样。

人们在生产中不仅仅影响自然界,而且也互相影响②。他们只有以一定的方式共同活动和互相交换其活动,才能进行生产。为了进行生产,人们相互之间便发生一定的联系和关系;只有在这些社会联系和社会关系的范围内,才会有他们对自然界的影响③,才会有生产。

生产者相互发生的这些社会关系,他们借以互相交换其活动

---

① 在《新莱茵报》上发表时,这句话的前面加有"科隆4月6日"。——编者注

② 在《新莱茵报》上发表时不是"不仅仅影响自然界,而且也互相影响";而是"不仅仅同自然界发生关系"。——编者注

③ 在《新莱茵报》上发表时不是"对自然界的影响",而是"对自然界的关系"。——编者注

和参与全部生产活动的条件,当然依照生产资料的性质而有所不同。随着新作战工具即射击火器的发明,军队的整个内部组织就必然改变了,各个人借以组成军队并能作为军队行动的那些关系就改变了,各个军队相互间的关系也发生了变化。

因此,各个人借以进行生产的社会关系,即**社会生产关系,是随着物质生产资料、生产力的变化和发展而变化和改变的。生产关系总合起来就构成所谓社会关系,构成所谓社会,并且是构成一个处于一定历史发展阶段上的社会**,具有独特的特征的社会。**古典古代**社会、**封建**社会和**资产阶级**社会都是这样的生产关系的总和,而其中每一个生产关系的总和同时又标志着人类历史发展中的一个特殊阶段。

资本也是一种社会生产关系。这是**资产阶级的生产关系**,是资产阶级社会的生产关系。构成资本的生活资料、劳动工具和原料,难道不是在一定的社会条件下,不是在一定的社会关系内生产出来和积累起来的吗?难道这一切不是在一定的社会条件下,在一定的社会关系内被用来进行新生产的吗?并且,难道不正是这种一定的社会性质把那些用来进行新生产的产品变为**资本**的吗?

资本不仅包括生活资料、劳动工具和原料,不仅包括物质产品,并且还包括**交换价值**。资本所包括的一切产品都是**商品**。所以,资本不仅是若干物质产品的总和,并且也是若干商品、若干交换价值、若干**社会量**的总和。

不论我们是以棉花代替羊毛也好,是以米代替小麦也好,是以轮船代替铁路也好,只要棉花、米和轮船——资本的躯体——同原先体现资本的羊毛、小麦和铁路具有同样的交换价值即同样的价格,那么资本依然还是资本。资本的躯体可以经常改变,但不会使资本有丝毫改变。

不过,虽然任何资本都是一些商品即交换价值的总和,但并不是任何一些商品即交换价值的总和都是资本。

任何一些交换价值的总和都是一个交换价值。任何单个交换价值都是一些交换价值的总和。例如,值 1 000 马克的一座房子是 1 000 马克的交换价值。值一分尼①的一张纸是 $\frac{100}{100}$ 分尼的交换价值的总和。能同别的产品交换的产品就是**商品**。这些产品按照一定比例进行交换,而这一定比例就构成它们的**交换价值**,或者用货币来表示,就构成它们的**价格**。这些产品的数量多少丝毫不能改变使它们成为**商品**,或者使它们表现**交换价值**,或者使它们具有一定**价格**的规定。一株树不论其大小如何,终究是一株树。无论我们拿铁同别的产品交换时是以罗特②为单位还是以公担为单位,这一点难道会改变使铁成为商品,成为交换价值的性质吗?铁是一种商品,它依其数量多少而具有大小不同的价值,高低不同的价格。

一些商品即一些交换价值的总和究竟是怎样成为资本的呢?

它成为资本,是由于它作为一种独立的社会**力量**,即作为一种属于**社会一部分**的力量,通过**交换直接的、活的劳动力**③而保存并增大自身。除劳动能力以外一无所有的阶级的存在是资本的必要前提。

只是由于积累起来的、过去的、对象化的劳动支配直接的、活的劳动,积累起来的劳动才变为资本。

---

① 在《新莱茵报》上发表时不是"分尼",而是"生丁"。——编者注
② 欧洲旧重量单位,约为三十分之一磅。——编者注
③ 在《新莱茵报》上发表时不是"**劳动力**",而是"**劳动**"。——编者注

Lohnarbeit und Kapital.

Von

Karl Marx.

Separat-Abdruck aus der „Neuen Rheinischen Zeitung"
vom Jahre 1849.

Mit einer Einleitung von Friedrich Engels.

Preis 20 Pfg.

Berlin 1891.
Verlag der Expedition des „Vorwärts" Berliner Volksblatt
(Th. Glocke.)

《雇佣劳动与资本》1891 年单行本扉页

资本的实质并不在于积累起来的劳动是替活劳动充当进行新生产的手段。它的实质在于活劳动是替积累起来的劳动充当保存并增加其交换价值的手段。

资本家和雇佣工人①是怎样进行交换的呢?

工人拿自己的劳动力②换到生活资料,而资本家拿他的生活资料换到劳动,即工人的生产活动,亦即创造力量。工人通过这种创造力量不仅能补偿工人所消费的东西,并且还使积累起来的劳动具有比以前更大的价值。工人从资本家那里得到一部分现有的生活资料。这些生活资料对工人有什么用处呢? 用于直接消费。可是,如果我不把靠这些生活资料维持我的生活的这段时间用来生产新的生活资料,即在消费的同时用我的劳动创造新价值来补偿那些因消费而消失了的价值,那么,只要我消费生活资料,这些生活资料对我来说就会永远消失。但是,工人为了交换已经得到的生活资料,正是把这种贵重的再生产力量让给了资本。因此,工人自己失去了这种力量。

举一个例子来说吧。有个农场主每天付给他的一个短工五银格罗申。这个短工为得到这五银格罗申,就整天在农场主的田地上干活,保证农场主能得到十银格罗申的收入。农场主不但收回了他付给短工的价值,并且还把它增加了一倍。可见,他有成效地、生产性地使用和消费了他付给短工的五银格罗申。他拿这五银格罗申买到的正是一个短工的能生产出双倍价值的农产品并把五银格罗申变成十银格罗申的劳动和力量。相反,短工则拿他的

---

① 在《新莱茵报》上发表时不是"资本家和雇佣工人",而是"资本和雇佣劳动"。——编者注

② 在《新莱茵报》上发表时不是"劳动力",而是"劳动"。——编者注

生产力(他正是把这个生产力的作用让给了农场主)换到五银格罗申,并用它们换得迟早要消费掉的生活资料。所以,这五银格罗申的消费有两种方式:对资本家来说,是**再生产性的**,因为这五银格罗申换来的劳动力[14]带来了十银格罗申;对工人来说,是**非生产性的**,因为这五银格罗申换来的生活资料永远消失了,他只有再和农场主进行同样的交换才能重新取得这些生活资料的价值。**这样,资本以雇佣劳动为前提,而雇佣劳动又以资本为前提。两者相互制约;两者相互产生。**

一个棉纺织厂的工人是不是只生产棉织品呢?不是,他生产资本。他生产重新供人利用去支配他的劳动并通过他的劳动创造新价值的价值。

资本只有同劳动力①交换,只有引起雇佣劳动的产生,才能增加。雇佣工人的劳动力②只有在它增加资本,使奴役它的那种权力加强时,才能和资本交换。**因此,资本的增加就是无产阶级即工人阶级的增加。**

所以,资产者及其经济学家们断言,资本家和工人的利益是**一致的**。千真万确呵!如果资本不雇用工人,工人就会灭亡。如果资本不剥削劳动力①,资本就会灭亡,而要剥削劳动力①,资本就得购买劳动力①。投入生产的资本即生产资本增加越快,从而产业越繁荣,资产阶级越发财,生意越兴隆,资本家需要的工人也就越多,工人出卖自己的价格也就越高。

原来,生产资本的尽快增加竟是工人能勉强过活的必要条件。

---

① 在《新莱茵报》上发表时不是"劳动力",而是"劳动"。——编者注
② 在《新莱茵报》上发表时不是"雇佣工人的劳动力",而是"雇佣劳动"。——编者注

但是,生产资本的增加又是什么意思呢？就是积累起来的劳动对活劳动的权力的增加,就是资产阶级对工人阶级的统治力量的增加。雇佣劳动生产着对它起支配作用的他人财富,也就是说生产着同它敌对的权力——资本,而它从这种敌对权力那里取得就业手段,即取得生活资料,是以雇佣劳动又会变成资本的一部分,又会变成再一次把资本投入加速增长运动的杠杆为条件的。

断言资本的利益和工人的利益①是一致的,事实上不过是说资本和雇佣劳动是同一种关系的两个方面罢了。一个方面制约着另一个方面,就如同高利贷者和挥霍者相互制约一样。

只要雇佣工人仍然是雇佣工人,他的命运就取决于资本。这就是一再被人称道的工人和资本家利益的共同性。

资本越增长,雇佣劳动量就越增长,雇佣工人人数就越增加,一句话,受资本支配的人数就越增多。② 我们且假定有这样一种最有利的情形:随着生产资本的增加,对劳动的需求也增加了。因而劳动价格即工资也提高了。

一座房子不管怎样小,在周围的房屋都是这样小的时候,它是能满足社会对住房的一切要求的。但是,一旦在这座小房子近旁耸立起一座宫殿,这座小房子就缩成茅舍模样了。这时,狭小的房子证明它的居住者不能讲究或者只能有很低的要求;并且,不管小房子的规模怎样随着文明的进步而扩大起来,只要近旁的宫殿以同样的或更大的程度扩大起来,那座较小房子的居住者就会在那

---

① 在《新莱茵报》上发表时不是"**工人的利益**",而是"**劳动的利益**"。——编者注

② 在《新莱茵报》上发表时,这句话前面加有"科隆4月7日"。——编者注

四壁之内越发觉得不舒适,越发不满意,越发感到受压抑。

　　工资的显著增加是以生产资本的迅速增长为前提的。生产资本的迅速增长,会引起财富、奢侈、社会需要和社会享受同样迅速的增长。所以,即使工人得到的享受增加了,但是,与资本家的那些为工人所得不到的大为增加的享受相比,与一般社会发展水平相比,工人所得到的社会满足的程度反而降低了。我们的需要和享受是由社会产生的;因此,我们在衡量需要和享受时是以社会为尺度,而不是以满足它们的物品为尺度的。因为我们的需要和享受具有社会性质,所以它们具有相对的性质。

　　工资一般不仅是由我能够用它交换到的商品数量来决定的。工资包含着各种关系。

　　首先,工人靠出卖自己的劳动力①取得一定数量的货币。工资是不是单由这个货币价格来决定的呢?

　　在16世纪,由于在美洲发现了更丰富和更易于开采的矿藏②,欧洲流通的黄金和白银的数量增加了。因此,黄金和白银的价值和其他各种商品比较起来就降低了。但是,工人们出卖自己的劳动力①所得到的银币数仍和从前一样。他们的劳动的货币价格仍然如旧,然而他们的工资毕竟是降低了,因为他们拿同样数量的银币所交换到的别种商品比以前少了。这是促进16世纪资本增长和资产阶级兴盛的原因之一。

　　我们再举一个别的例子。1847年冬,由于歉收,最必需的生活资料(面包、肉类、黄油、干酪等等)大大涨价了。假定工人靠出

---

① 在《新莱茵报》上发表时不是"劳动力",而是"劳动"。——编者注
② 在《新莱茵报》上发表时不是"在美洲发现了更丰富和更易于开采的矿藏",而是"美洲的发现"。——编者注

卖自己的劳动力①所得的货币量仍和以前一样。难道他们的工资没有降低吗？当然是降低了。他们拿同样多的货币所能换到的面包、肉类等等东西比从前少了。他们的工资降低并不是因为白银的价值减低了，而是因为生活资料的价值增高了。

我们最后再假定，劳动的货币价格仍然未变，可是一切农产品和工业品由于使用新机器、年成好等等原因而降低了价格。这时，工人拿同样多的货币可以买到更多的各种商品。所以，他们的工资正因为工资的货币价值仍然未变而提高了。

总之，劳动的货币价格即名义工资，是和实际工资即用工资实际交换所得的商品量并不一致的。因此，我们谈到工资的增加或降低时，不应当仅仅注意到劳动的货币价格，仅仅注意到名义工资。

但是，无论名义工资，即工人把自己卖给资本家所得到的货币量，还是实际工资，即工人用这些货币所能买到的商品量，都不能把工资所包含的各种关系完全表示出来。

此外，工资首先是由它和资本家的赢利即利润的关系来决定的。这就是比较工资、相对工资。

实际工资所表示的是同其他商品的价格相比的劳动价格，而相对工资所表示的是：同积累起来的劳动即资本从直接劳动新创造的价值中所取得的份额相比，直接劳动在自己新创造的价值中所占的份额②。

---

① 在《新莱茵报》上发表时不是"劳动力"，而是"劳动"。——编者注

② 在《新莱茵报》上发表时，"相对工资所表示的……"这一段话如下："相对工资所表示的则是同积累起来的劳动的价格相比的直接劳动价格，是雇佣劳动和资本的相对价值，是资本家和工人的相互价值"。——编者注

上面,在第 14 页上①,我们说过:"工资不是工人在他所生产的商品中占有的一份。工资是原有商品中由资本家用以购买一定量的生产性劳动力的那一部分。"但是,资本家必须从出卖由工人创造的产品的价格中再补偿这笔工资。资本家必须这样做:他在补偿这笔工资时,照例要剩下一笔超出他所支出的生产费用的余额即利润。工人所生产的商品的销售价格,对资本家来说可分为三部分:**第一**,补偿他所预付的原料价格和他所预付的工具、机器及其他劳动资料的损耗;**第二**,补偿资本家所预付的工资;**第三**,这些费用以外的余额,即资本家的利润。第一部分只是补偿**原已存在的价值**;很清楚,补偿工资的那一部分和构成资本家利润的余额完全是从**工人劳动所创造出来的**并追加到原料上去的**新价值**中得来的。而**在这个意义上说**,为了把工资和利润加以比较,我们可以把两者都看成是工人的产品中的份额。②

实际工资可能仍然未变,甚至可能增加了,可是尽管如此,相对工资却可能降低了。假定说,一切生活资料跌价三分之二,而日工资只降低了三分之一,比方由三马克降低到两马克。这时,虽然工人拿这两马克可以买到比从前拿三马克买到的更多的商品,但是他的工资和资本家的利润相比却降低了。资本家(比如,一个工厂主)的利润增加了一马克,换句话说,资本家拿比以前少的交换价值付给工人,而工人却必须生产出比以前多的交换价值。资本的份额与劳动的份额相比提高了③。社会财富在资本和劳动之

① 见本书第 17 页。——编者注
② 在《新莱茵报》上发表时没有这一整段话。——编者注
③ 在《新莱茵报》上发表时不是"资本的份额与劳动的份额相比提高了";而是"资本的价值与劳动的价值相比提高了"。——编者注

间的分配更不平均了。资本家用同样多的资本支配着更大的劳动量。资本家阶级支配工人阶级的权力增加了,工人的社会地位更低了,比起资本家的地位来又降低了一级。

究竟什么是决定工资和利润在其相互关系上的降低和增加的一般规律呢?

工资和利润是互成反比的。资本的份额①即利润越增加,则劳动的份额②即日工资就越降低;反之亦然。利润增加多少,工资就降低多少;而利润降低多少,则工资就增加多少。

也许有人会驳斥说:资本家赢利可能是由于他拿自己的产品同其他资本家进行了有利的交换,可能是由于开辟了新的市场或者原有市场上的需要骤然增加等等,从而对他的商品的需求量有所增加;所以,一个资本家所得利润的增加可能是由于损害了其他资本家的利益,而与工资即劳动力③的交换价值的涨落无关;或者,资本家所得利润的增加也可能是由于改进了劳动工具,采用了利用自然力的新方法等等。

首先必须承认,所得出的结果依然是一样的,只不过这是经过相反的途径得出的。固然,利润的增加不是由于工资的降低,但是工资的降低却是由于利润的增加。资本家用同一数量的他人的劳动④,购得了更多的交换价值,而对这个劳动却没有多付一文。这就是说,劳动所得的报酬同它使资本家得到的纯收入相比却减少了。

---

① 在《新莱茵报》上发表时不是"**资本的份额**",而是"**资本的交换价值**"。——编者注
② 在《新莱茵报》上发表时不是"**劳动的份额**",而是"**劳动的交换价值**"。——编者注
③ 在《新莱茵报》上发表时不是"劳动力",而是"劳动"。——编者注
④ 在《新莱茵报》上发表时不是"他人的劳动",而是"劳动"。——编者注

此外,我们还应提醒,无论商品价格如何波动,每一种商品的平均价格,即它同其他商品相交换的比例,总是由**它的生产费用**决定的。因此,资本家相互间的盈亏得失必定在整个资本家阶级范围内互相抵消。改进机器,在生产中采取利用自然力的新方法,使得在一定的劳动时间内,用同样数量的劳动和资本可以创造出更多的产品,但决不是创造出更多的交换价值。如果我用纺纱机能够在一小时内生产出比未发明这种机器以前的产量多一倍的纱,比方从前为 50 磅,现在为 100 磅,那么从长期来看①我用这 100 磅纱所交换到的商品不会比以前用 50 磅交换到的多些,因为纱的生产费用减少了一半,或者说,因为现在我用同样多的生产费用能够生产出比以前多一倍的产品。

最后,不管资本家阶级即资产阶级(一个国家的也好,整个世界市场的也好)相互之间分配生产所得的纯收入的比例如何,这个纯收入的总额归根到底只是直接劳动使积累起来的劳动②在总体上增加的那个数额。所以,这个总额是按劳动使资本增加的比例,即按利润与工资相对而言增加的比例增长的。

可见,即使我们停留在**资本和雇佣劳动的关系范围**内,也可以知道**资本的利益和雇佣劳动的利益是截然对立的**。

资本的迅速增加就等于利润的迅速增加。而利润的迅速增加只有在劳动的价格③同样迅速下降、相对工资同样迅速下降的条

---

① 在《新莱茵报》上发表时没有"从长期来看"。——编者注
② 在《新莱茵报》上发表时这里是"积累起来的劳动使直接劳动"。——编者注
③ 在《新莱茵报》上发表时不是"劳动的价格",而是"劳动的交换价值"。——编者注

件下才是可能的。即使实际工资同名义工资即劳动的货币价值同时增加,只要实际工资不是和利润以同一比例增加,相对工资还是可能下降。比如说,在经济兴旺的时期,工资提高5%,而利润却提高30%,那么比较工资即相对工资**不是增加,而是减少**了。

所以,一方面工人的收入随着资本的迅速增加也有所增加,可是另一方面横在资本家和工人之间的社会鸿沟也同时扩大,而资本支配劳动的权力,劳动对资本的依赖程度也随着增大。

所谓资本迅速增加对工人有好处的论点,实际上不过是说:工人把他人的财富增加得越迅速,工人得到的残羹剩饭就越多,能够获得工作和生活下去的工人就越多,依附资本的奴隶人数就增加得越多。

这样我们就看出:

即使**最有利于工人阶级**的**情势**,即**资本的尽快增加**改善了工人的物质生活,也不能消灭工人的利益和资产者的利益即资本家的利益之间的对立状态。**利润和工资仍然是互成反比**的。

假如资本增加得迅速,工资是可能提高的;可是资本的利润增加得更迅速无比。工人的物质生活改善了,然而这是以他们的社会地位的降低为代价换来的。横在他们和资本家之间的社会鸿沟扩大了。

最后:

所谓生产资本的尽快增加是对雇佣劳动最有利的条件这种论点,实际上不过是说:工人阶级越迅速地扩大和增加与它敌对的权力,即越迅速地扩大和增加支配它的他人财富,它就被允许在越加有利的条件下重新为增加资产阶级财富、重新为增大资本的权力而工作,满足于为自己铸造金锁链,让资产阶级用来牵着它走。

　　然而,是不是像资产阶级的经济学家们所说的那样,**生产资本的增加**真的和**工资的提高**密不可分呢?[1] 我们不应当听信他们的话。我们甚至于不能相信他们的这种说法:似乎资本长得越肥,它的奴隶也吃得越饱。资产阶级很开明,很会打算,它没有封建主的那种以仆役队伍的奢华夸耀于人的偏见。资产阶级的生存条件迫使它锱铢必较。

　　因此我们就应当更仔细地研究一个问题:

　　生产资本的增长是怎样影响工资的?

　　如果资产阶级社会的生产资本整个说来是在不断增长,那么劳动的积累就是**更多方面**的了。资本[2]的数量和规模日益增大。**资本的增大**加剧**资本家之间的竞争**。资本规模的**不断增大**,为把**装备着火力更猛烈的斗争武器的更强大的工人大军引向产业战场**提供了手段。

　　一个资本家只有在自己更便宜地出卖商品的情况下,才能把另一个资本家逐出战场,并占有他的资本。可是,要能够更便宜地出卖而又不破产,他就必须更便宜地进行生产,就是说,必须尽量提高劳动的生产力。而增加劳动的生产力的首要办法是**更细地分工**,更全面地应用和经常地改进**机器**。内部实行分工的工人大军越庞大,应用机器的规模越广大,生产费用相对地就越迅速缩减,劳动就更有效率。因此,资本家之间就发生了全面的竞争:他们竭力设法扩大分工和增加机器,并尽可能大规模地使用机器。

---

① 在《新莱茵报》上发表时,这句话的前面加有"科隆4月10日"。——编者注

② 在《新莱茵报》上发表时误为"资本家",后在第270号加以更正,现根据这一更正进行改动。——编者注

可是,假如某一个资本家由于更细地分工、更多地采用新机器并改进新机器,由于更有利和更大规模地利用自然力,因而有可能用同样多的劳动或积累起来的劳动生产出比他的竞争者更多的产品(即商品),比如说,在同一劳动时间内,他的竞争者只能织出半码麻布,他却能织出一码麻布,那么他会怎样办呢?

他可以继续按照原来的市场价格出卖每半码麻布,但是这样他就不能把自己的敌人逐出战场,就不能扩大自己的销路。可是随着他的生产的扩大,他对销路的需要也增加了。固然,他所采用的这些更有效率、更加贵重的生产资料**使他能够**廉价出卖商品,但是这种生产资料又**使他不得不**出卖更多的商品,为自己的商品争夺更**大得多**的市场。因此,这个资本家出卖半码麻布的价格就要比他的竞争者便宜些。

虽然这个资本家生产一码麻布的费用并不比他的竞争者生产半码麻布的费用多,但是他不会以他的竞争者出卖半码麻布的价格来出卖一码麻布。不然他就得不到任何额外的利润,而只是通过交换把自己的生产费用收回罢了。如果他的收入终究还是增加了,那只是因为他动用了更多的资本,而不是因为他比其他资本家更多地增殖了自己的资本。而且,只要他把他的商品价格定得比他的竞争者低百分之几,他追求的目的也就达到了。他**压低价格**就能把他的竞争者挤出市场,或者至少也能夺取他的竞争者的一部分销路。最后,我们再提一下,市场价格是**高于**还是**低于生产费用**,这一点始终取决于该种商品是在产业的旺季出卖还是在淡季出卖。一个采用了生产效能更高的新生产资料的资本家的卖价超出他的实际生产费用的百分率,是依每码麻布的市场价格高于或低于迄今的一般生产费用为转移的。

可是,这个资本家的**特权**不会长久;参与竞争的其他资本家也会采用同样的机器,实行同样的分工,并以同样的或更大的规模采用这些机器和分工。这些新措施将得到广泛的推广,直到麻布价格不仅跌到**原先的生产费用以下**,而且跌到**新的生产费用以下为止**。

这样,资本家的相互关系又会像采用新生产资料**以前**那样了;如果说他们由于采用这种生产资料能够以同一价格提供加倍的产品,那么**现在**他们已不得不按**低于**原来的价格出卖加倍的产品了。在这种新生产费用的水平上,同样一场角逐又重新开始:分工更细了,使用的机器数量更多了,利用这种分工的范围和采用这些机器的规模更大了。而竞争又对这个结果发生反作用。

我们看到:生产方式和生产资料是如何通过这种方式不断变革,不断革命化的;**分工如何必然要引起更进一步的分工;机器的采用如何必然要引起机器的更广泛的采用;大规模的劳动如何必然要引起更大规模的劳动**。

这是一个规律,这个规律一次又一次地把资产阶级的生产抛出原先的轨道,并且**因为**资本已经加强了劳动的生产力而迫使它继续加强劳动的生产力;这个规律不让资本有片刻的停息,老是在它耳边催促说:前进! 前进!

这个规律正是那个在商业的周期性波动中必然使商品价格和商品**生产费用趋于一致**的规律。

不管一个资本家运用了效率多么高的生产资料,竞争总使这种生产资料普遍地被采用,而一旦竞争使这种生产资料普遍地被采用,他的资本具有更大效率的唯一后果就只能是:**要保持原来的**

价格,他就必须提供比以前多 10 倍、20 倍、100 倍的商品。可是,因为现在他必须售出也许比以前多 1 000 倍的商品,才能靠增加所售产品数量的办法来弥补由于售价降低所受的损失;因为他现在必须卖出更多的商品不仅是为了得到更多的利润①,并且也是为了补偿生产费用(我们已经说过,生产工具本身也日益昂贵);因为此时这种大量出卖不仅对于他而且对于他的竞争对方都成了生死攸关的问题,所以先前的斗争就会**随着已经发明的生产资料的生产效率的提高而日益激烈起来。所以,分工和机器的采用又将以更大得无比的规模发展起来。**

不管已被采用的生产资料的力量多么强大,竞争总是要把资本从这种力量中得到的黄金果实夺去:竞争使商品的价格降低到生产费用的水平;也就是说,越是有可能便宜地生产,即有可能用同一数量的劳动生产更多的产品,竞争就使更便宜的生产即为了同一价格总额②而提供日益增多的产品数量成为确定不移的规律。可见,资本家努力的结果,除了必须在同一劳动时间内提供更多的商品以外,换句话说,除了**使他的资本的价值增殖的条件恶化**以外,并没有得到任何好处。因此,竞争经常以其生产费用的规律迫使资本家坐卧不宁,把他为对付竞争者而锻造的一切武器倒转来针对他自己,然而尽管如此,资本家还是不断想方设法在竞争中取胜,孜孜不倦地采用价钱较贵但能更便宜地进行生产的新机器,实行新分工,以代替旧机器和旧分工,并且不等到竞争使这些新措

① 在《新莱茵报》上发表时不是"得到更多的利润",而是"得到利润"。——编者注
② 在《新莱茵报》上发表时不是"为了同一价格总额",而是"为了保持原来的价格"。——编者注

施过时,就这样做了。

现在我们如果想象一下这种狂热的激发状态**同时**笼罩了**整个世界市场**,那我们就会明白,资本的增长、积累和积聚是如何导致不断地、日新月异地、以日益扩大的规模实行分工,采用新机器,改进旧机器。

这些同生产资本的增长分不开的情况又怎样影响工资的确定呢?

更进一步的**分工使 1 个工人能**做 5 个、10 个乃至 20 个人的工作,因而就使工人之间的竞争加剧 5 倍、10 倍乃至 20 倍。工人中间的竞争不只表现于 1 个工人把自己出卖得比另 1 个工人贱些,而且还表现于**1 个**工人做 5 个、10 个乃至 20 个人的工作。而资本所实行的和经常扩展的**分工**就迫使工人进行这种竞争。

其次,**分工**越细,劳动就越**简单化**。工人的特殊技巧失去任何价值。工人变成了一种简单的、单调的生产力,这种生产力不需要投入紧张的体力或智力。他的劳动成为人人都能从事的劳动了。因此,工人受到四面八方的竞争者的排挤;我们还要提醒一下,一种工作越简单,越容易学会,为学会这种工作所需要的生产费用越少,工资也就越降低,因为工资像一切商品的价格一样,是由生产费用决定的。

总之,劳动越是不能给人以乐趣,越是令人生厌,竞争也就越激烈,工资也就越减少。工人想维持自己的工资总额,就得多劳动:多工作几小时或者在一小时内提供更多的产品。这样一来,工人为贫困所迫,就进一步加重分工带来的恶果。结果就是:**他工作得越多,他所得的工资就越少**,而且原因很简单:他工作得越多,他就越是同他的工友们竞争,因而就使自己的工友们变成他自己的

工錢勞動與資本

馬克思著

袁讓譯

廣州人民出版社印行

1921年广州人民出版社出版的袁让翻译的《雇佣劳动与资本》
（当时译为《工钱劳动与资本》）

竞争者,这些竞争者也像他一样按同样恶劣的条件出卖自己;所以,他归根到底是**自己给自己**,即自己给作为工人阶级一员的自己造成竞争。

机器也发生同样的影响,而且影响的规模更大得多,因为机器用不熟练的工人代替熟练工人,用女工代替男工,用童工代替成年工;因为在最先使用机器的地方,机器就把大批手工工人抛向街头,而在机器日益完善、改进或为生产效率更高的机器所替换的地方,机器又把一批一批的工人排挤出去。我们在前面大略地描述了资本家相互间的产业战争。**这种战争有一个特点,就是制胜的办法与其说是增加工人大军,不如说是减少工人大军。统帅们即资本家们相互竞赛,看谁能解雇更多的产业士兵。**

不错,经济学家们告诉我们说,因采用机器而成为多余的工人可以在**新的**劳动部门里找到工作。

他们不敢干脆地肯定说,在新的劳动部门中找到栖身之所的就是那些被解雇的工人。事实最无情地粉碎了这种谎言。其实,他们不过是肯定说,在**工人阶级的其他组成部分**面前,比如说,在一部分已准备进入那种衰亡的产业部门的青年工人面前,出现了新的就业门路。这对于不幸的工人当然是一个很大的安慰。资本家老爷们是不会缺少可供剥削的新鲜血肉的,他们让死人们去埋葬自己的尸体。这与其说是资产者对工人的安慰,不如说是资产者对自己的安慰。如果机器消灭了整个雇佣工人阶级,那么这对资本来说将是一件十分可怕的事情,因为资本没有雇佣劳动就不成其为资本了!

就假定那些直接被机器从工作岗位排挤出去的工人以及原来期待着这一工作的那一部分青年工人**都能找到新工作**。是否可以相信新工作的报酬会和已失去的工作的报酬同样高呢？**要是这样，那就是违反了一切经济规律**。我们说过，现代产业经常是用更简单的和更低级的工作来代替复杂和较高级的工作的。

那么，被机器从一个产业部门排挤出去的一大批工人如果不甘愿领取**更低更微薄的报酬**，又怎能在别的部门找到栖身之所呢？

有人说制造机器本身的工人是一种例外。他们说，既然产业需要并使用更多的机器，机器的数量就必然增加，因而机器制造、从事机器制造的工人也必然增加；而这个产业部门所使用的工人是熟练工人，甚至是受过教育的工人。

从1840年起，这种原先也只有一半正确的论点已经毫无正确的影子了，因为机器制造也完全和棉纱生产一样，日益多方面地采用机器，而在机器制造厂就业的工人，比起极完善的机器来，只能起着极不完善的机器的作用。

可是，在一个男工被机器排挤出去以后，工厂方面也许会雇用**三个童工和一个女工**！难道先前一个男工的工资不是应该足够养活三个孩子和一个妻子吗？难道先前最低工资额不是应该足够这个种族维持生活和繁殖后代吗？资产者爱说的这些话在这里究竟证明了什么呢？只证明了一点：现在要得到维持**一个**工人家庭生活的工资，就得消耗比以前多三倍的工人生命。

总括起来说：**生产资本越增加，分工和采用机器的范围就越扩大。分工和采用机器的范围越扩大，工人之间的竞争就越剧烈，他们的工资就越减少**。

加之，工人阶级还从**较高的社会阶层**中得到补充；沦落到无产阶级队伍里来的有大批小产业家和小食利者，他们除了赶快跟工人一起伸手乞求工作,毫无别的办法。这样,伸出来乞求工作的手就像森林似的越来越稠密,而这些手本身则越来越消瘦。

不言而喻,小产业家在这种斗争①中是不可能支持下去的,因为这种斗争的首要条件之一就是要不断扩大生产的规模,也就是说要做大产业家而决不能做一个小产业家。

当然,还有一点也是无可争辩的:资本的总量和数目越增加,资本越增长,资本的利息也就越减少;因此,小食利者就不可能再依靠租金来维持生活,必须投身于产业,即扩大小产业家的队伍,从而增加无产阶级的候补人数。

最后,上述发展进程越迫使资本家以日益扩大的规模利用既有的巨大的生产资料,并为此而动用一切信贷机构,产业地震②也就越来越频繁,在每次地震中,商业界只是由于埋葬一部分财富、产品以至生产力才维持下去,——也就是说,**危机**也就越来越频繁了。这种危机之所以越来越频繁和剧烈,就是因为随着产品总量的增加,亦即随着对扩大市场的需要的增长,世界市场变得日益狭窄了,剩下可供榨取的新市场③日益减少了,因为先前发生的每一次危机都把一些迄今未被占领的市场或只是在很小的程度上被商业榨取过的市场卷入了世界贸易。但是,资本不仅在**活着**的时候要依靠劳动。这位尊贵而又野蛮的主人在葬入坟墓时,也要把他的奴隶们的尸体,即在危机中丧生而成为牺牲品的大批工人一起陪葬。由此可见:**如果说资本增长得迅速,那么工人之间的竞争就增长得更迅速无比,就是说,资本增长得越迅速,工人阶级的就业**

---

① 在《新莱茵报》上发表时不是"斗争",而是"战争"。——编者注
② 在《新莱茵报》上发表时不是"产业地震",而是"地震"。——编者注
③ 在《新莱茵报》上发表时不是"新市场",而是"市场"。——编者注

手段即生活资料就相对地缩减得越厉害；尽管如此，资本的迅速增长对雇佣劳动却是最有利的条件。①

卡·马克思根据 1847 年 12 月
下半月所作的演说写成

作为社论载于 1849 年 4 月 5—8
和 11 日《新莱茵报》第 264—267
和 269 号

原文是德文

选自《马克思恩格斯选集》第 3 版
第 1 卷第 327—359 页

---

① 在《新莱茵报》上发表时，这句话后面加有"（待续）卡尔·马克思"。
——编者注

附　　录

卡·马克思

工　资[15]

[A]

下列各点已经阐明：

1. 工资=商品的价格。

因此，工资的确定大体上是与一般的价格的确定相一致的。

人的活动=商品。

生命的表现——生命活动看起来只是手段；与这种活动分开的生存才是目的。

2. 和商品一样，工资是由竞争决定的，是由需求和供给决定的。

3. 供给本身取决于生产费用，即取决于生产商品所必需的劳动时间。

4. 利润和工资成反比。两个阶级的对立，这两个阶级的经济存在是利润和工资。

5. 争取提高或降低工资的斗争。工人联合会。

6. 劳动的平均价格或正常价格；最低工资，只是对工人阶级而不是对个别工人发生效力。工人们为保持工资而联合起来。

7. 取消赋税和保护关税，缩减军队等对工资的影响。平均确

定的最低工资 = 必需的生活资料的价格。

［B］
补　充

I. 阿特金森

1. 手工织工。（每天工作 15 小时。）（这种工人有 50 万。）**16**

"手工织工所处的贫困状态是所有从事这类劳动的人的必然遭遇,因为这种劳动易于学习,而且常有被较便宜的生产资料所排挤的危险。在供给如此之大的情况下,需求的暂时中断就要引起危机。一个劳动部门变得无用而另一个劳动部门又随之产生,这种情况会招致**暂时的苦难**。以印度达卡地区的手工织工为例:由于英国机器的竞争,他们不是饿死,便是被迫返回农业生产。"（摘自 1835 年 7 月包令博士在下院的演说。）**17**

（利用这个从一种职业向另一种职业转移的例子来与自由贸易论者论战。**18**）

2. 关于**人口论**再谈几句。

3. 分工的变化和扩大对确定工资的影响。

II. 卡　莱　尔

1. 不仅应当考虑工资的数量。在质量方面它也发生变化,由偶然的情况所决定。

2. 工资的优点是:只有必要性、利益、生意才把工人和雇主联结起来。已经丝毫没有像中世纪那种宗法制的东西了。

济贫法[19]，消灭鼠患，成为社会累赘的工人[20]。

3.绝大部分劳动不是熟练劳动。

4.马尔萨斯主义者和经济学家们的全部理论归纳起来是：工人可以自己决定节制生育，从而缩减需求。

III. 麦克库洛赫

"工人所挣得的日工资，等于叫做人的机器的所有主所获得的普通利润量，这里还包括为了补偿机器的损耗，也就是为了以新工人代替老工人和丧失了工作能力的工人所必需的款额。"[1]

IV. 约翰·威德

1."如果目的是要使工人成为能够在某项工作中提供最大量劳动的机器，那么，最有效的方法莫过于分工了。"[2]

2.工资的降低就使得工人不是减少自己的开支，便是提高自己劳动的生产率，例如，在使用机器的工厂中（一般情况也是如此），他们要工作更多的时数，或者对于手工业者、手工织工等来说，在同一小时内要生产更多的东西。而正是由于他们的工资降

---

① 约·拉·麦克库洛赫《政治经济学原理》1825 年爱丁堡版第 319 页。——编者注

② 约·威德《中等阶级和工人阶级的历史》1835 年伦敦第 3 版第 125 页。——编者注

低了,因为需求缩减了,所以他们是在不利的时刻增加供给。结果工资更加降低,而资产者随后赶来说道:"只要这些人愿意工作就行!"

3. 一般说来,不能有**两种市场价格**,正是**更低**的市场价格(在质量相同的情况下)占上风,这是普遍规律。

假定有 1 000 个同样熟练的工人;50 个失业;在这种情况下,价格不是由 950 个在业者决定,而是由 50 个失业者决定的。

但是,这种**市场价格**规律对劳动这一商品比对其他商品的影响更加厉害,因为工人不能把自己的商品储藏在仓库里,只能出卖自己的生命活动,否则,就要因失去生活资料而死亡。

劳动这一可售商品不同于其他商品的地方,特别在于:它具有**暂时的性质**,不能把它**蓄积起来**,它的**供给**不能像其他产品那样容易增加或减少。

4. 资本家的人道就在于以尽可能低的价格购买尽可能多的劳动。农业工人夏季比冬季收入多,虽然冬季他们需要更多的食物和燃料,需要更暖和的衣服。

5. 例如,取消**星期日**对工人来说,纯粹是损失。雇主们竭力这样来降低工资:他们保持工资的名义数额,却强迫工人多劳动比如15 分钟,缩短吃午饭的时间等等。

6. 工资由时尚、季节的更换和商业行情的波动来决定。[21]

7. 如果一个被机器排挤出去的工人转到别的劳动部门去,那么这照例是**更坏的**部门。他永远也不能恢复自己以前的那种状况了。

机器和分工以低廉的劳动代替高价的劳动。

有人向工人建议：

(1)开办储蓄银行；(2)尽可能学会各种劳动(这样一来，在一个劳动部门中出现工人供给过剩现象，就会立即波及一切部门)。

8. 在萧条时期：

(a)停止工作；(b)降低工资；(c)每周的工作日减少，工资照旧[22]。

9. 关于工会组织，应该指出：

(1)工人的开支(费用)。由于联合而有机器的发明。另一种分工。降低工资。工厂往别的地区迁移。

(2)如果他们全都做到使工资保持在很高的水平上，以致使利润降低到大大低于别国的平均利润以下或者使资本增长较慢，那么，一国的工业就要破产，而工人就要和雇主一起破产，甚至更坏。

————

虽然降低某种赋税不能使工人得到任何好处，可是增加赋税却损害工人的利益。在资产阶级发达的国家中，赋税增加的好的一面在于：小农和小私有者(手工业者等)会因此而纷纷破产，并被抛入工人阶级的队伍。

————

爱尔兰人在英国，德国人在亚尔萨斯对工资的影响。

V. 拜 比 吉

实物工资制[23]。

VI. 安德鲁·尤尔①

现代工业的普遍原则:以童工代替成年工,以非熟练工人代替熟练工人,以女工代替男工。

————

工资平均化。现代工业的主要特征。

VII. 罗 西②

罗西先生认为:

工厂主预先支付给工人的只是工人所应得的那部分产品,因为工人不能等到产品出卖。这是一种投机,跟生产过程没有任何直接关系。如果工人自己能把自己养活到产品卖出的时候,那么他作为股东也将得到自己的一份。

所以,工资同资本和土地不一样,它不是生产的构成要素。它只不过是我们社会状态的一种偶然现象,一种形式。工资不包含在资本之内。

工资不是生产所绝对必需的要素。在另一种劳动组织之下,它可能消失。

————

① 安·尤尔《工厂哲学或工业经济学》1836 年布鲁塞尔版第 1 卷第 34、35 页。——编者注
② 佩·罗西《政治经济学教程》1843 年布鲁塞尔版第 369、370 页。——编者注

［VIII.］舍尔比利埃

1."生产资本的增加不一定会引起工人生活资料基金的增加。原料和机器的数量可能不断增加,而生活资料基金则可能日益减少。

劳动的价格取决于:(a)生产资本的绝对量;(b)资本不同要素之间的比例。这是工人的意志不能发生任何影响的两个社会事实。

2.使工人的状况变得幸福或不幸福的,与其说是工人的**绝对消费**,不如说是工人的**相对消费**。除了必需的消费品以外,我们享受的**价值完全是相对的**。"①

————

在谈到工资的降低或提高的时候,永远也不应该忽视整个世界市场和各个国家工人的状况。

————

制定公平工资的平均主义的和其他的尝试。

————

最低工资本身也在变化并愈来愈降低。以烧酒为例。

————————

① 安·舍尔比利埃《富人或穷人》1840 年巴黎—日内瓦版第 103—104、105、109 页。——编者注

[IX.] 布　雷

储　蓄　银　行①

掌握在专制制度和资本手中的一种有三重意义的工具。

1. 货币流回国家银行,银行再贷给资本家,赚取利润。

2. 政府用来拴住工人阶级很大一部分人的一条金锁链。

3. 此外,经过这种途径,资本家本身又掌握了一种新武器。

————

工资一旦降低,就永远不能再提高到原来的水平。绝对工资和相对工资。

[C]

I. 生产力的提高对工资有什么影响?

(见 VI,3.)②

机器:分工。

劳动日益简单化。劳动的生产费用日益减少。劳动变得日益低廉。工人之间的竞争日益加剧。

————

① 约·弗·布雷《劳动的不公正现象及其解决办法》1839 年利兹版第152、153 页。——编者注

② 见本书第 64—70 页。——编者注

　　从一个劳动部门转向另一个劳动部门。包令博士自己1835年在议会里谈到印度达卡地区的手工织工时曾提及这一点。

　　工人被排挤出去而从事的新的劳动比以前的更坏;更具有从属性。成年工的劳动由童工的劳动代替,男工的劳动由女工的劳动代替,较熟练的工人的劳动由不大熟练的工人的劳动代替。

　　不是增加劳动时数,便是降低工资。

　　工人之间的竞争,不仅在于一个人把自己卖得比另一个人便宜些,而且在于一个人要做两个人的工作。

　　生产力提高的后果一般是:

　　(a)工人的状况与资本家的状况相比,相对恶化,享受的价值也是相对的。要知道享受本身不是别的,而是社会的享受、关系、联系;

　　(b)工人成为愈来愈片面的生产力,它要以尽可能少的时间生产尽可能多的东西。熟练劳动愈来愈变成简单劳动;

　　(c)工资愈来愈以世界市场为转移,而工人的状况也愈来愈不稳定;

　　(d)在生产资本中,用于机器和原料的份额的增长要比用于生活资料基金的份额的增长快得多。所以,生产资本的增加并不使对劳动的需求也相应地增加。

　　工资取决于:

　　(α)生产资本总量;

　　(β)生产资本各个构成部分之间的对比关系。

　　工人对前者和后者都没有任何影响。

　　(如果没有工资的波动,工人就不会从文明的发展中得到任何好处,他的状况就会始终不变。)

关于工人和机器的竞争应该指出,从事手工劳动的工人(例如手工织工)比直接在工厂里做工的使用机器的工人更苦。

新生产力的任何发展同时也成为反对工人的武器。例如,交通工具的一切改进都加剧不同地区工人的竞争,使地方性竞争成为全国性竞争,等等。

一切商品都减价,而最必需的生活资料却不减价,其结果便是:工人穿上破衣烂衫,他的贫困蒙上文明的色彩。

II. 工人和雇主之间的竞争

(α)为了确定相对工资,应该指出,一个塔勒对于工人和一个塔勒对于雇主有不同的价值。工人不得不以更贵的价格买更坏的东西。他的一个塔勒能买到的商品,不像雇主的一个塔勒所能买到的那样多,那样好。工人不得不成为**挥霍者**,违反一切经济原则来进行买卖。这里我们一般应该指出,我们所指的只是一个方面,即**工资**本身。可是,只要工人以自己的劳动价格交换其他商品,对他的剥削就又重新开始。小杂货商、当铺老板、房东——所有的人都要再一次地剥削他。

(β)雇主掌握着就业手段,也就是掌握着工人的生活资料,就是说,工人的生活依赖于他;好像工人自己把自己的生命活动也降低为单纯的谋生手段了。

(γ)劳动这一商品与其他商品相比有很大的缺点。对于资本家来说,同工人竞争,只是利润问题,对工人来说,则是生存问题。

劳动这一商品有比其他商品**更暂时的**性质。它不能蓄积起来。它的**供给**不能像其他商品那样容易增加或减少。

（δ）工厂管理制度。住宅立法。实物工资制,在这种制度下,雇主用提高商品价格而不改变名义工资的办法来欺骗工人。

III. 工人彼此之间的竞争

（a）根据普遍的经济规律,不可能有**两种市场价格**。在 1 000 个同样熟练的工人中,决定工资的不是 950 个在业工人,而是 50 个失业工人。**爱尔兰人**对**英国工人**状况和德国人对亚尔萨斯工人状况的影响。

（b）工人们的相互竞争,不仅表现在一个人以比其他人更便宜的工资提供自己的劳动,而且表现在一个人做两个人的工作。

未婚工人对已婚工人的优越性等。农村工人和城市工人之间的竞争。

IV. 工资的波动

工资发生波动的原因:

1. 时尚的变化。

2. 季节的更换。

3. 商业行情的波动。

在发生危机时,

（α）工人势必限制自己的开支,或是[为了]提高劳动生产率,或工作更多的时间或在同一小时内制造出更多的产品。但是,他们的工资既然降低了,因为对他们制出的产品的需求缩减了,所以他们就使供给对需求的关系变得更加不利,那时资产者就说:只要这些人愿意工作就行！于是，由于工人过度辛劳，工人的工资更加降低。

（β）在危机期间：

完全失业。工资降低。工资照旧[22]和工作日数减少。

（γ）在历次危机中，对工人是下述的循环运动：

雇主无法给工人工作，是因为他无法卖出自己的产品。他无法卖出自己的产品，是因为他找不到买主。他找不到买主，是因为工人除了自己的劳动以外没有什么可进行交换的，正因为这样，他们无法交换自己的劳动。

（δ）至于谈到提高工资，那么应该指出，任何时候都必须注意到世界市场，如果其他国家工人失业了，提高工资就会成为泡影。

V. 最低工资

1. 工人所得的日工资是他的机器即他的肉体给他这个所有主带来的利润。其中包括为补偿该机器的损耗或者也就是为以新工人代替老工人和丧失了工作能力的工人所必需的款额。

2. 最低工资所产生的结果是：例如，取消星期日对工人来说纯粹是损失。他必须在更加恶劣的条件下挣得工资。这就是拥护取消星期日例假的诚实的慈善家们的目的。

3. 虽然最低工资通常是由最必需的生活资料本身的价格所决定的，但还是应该指出：

第一，不同国家的最低额各不相同，例如，爱尔兰的马铃薯[24]。

第二，不仅如此。最低额本身有自己的历史运动，它愈来愈降低到绝对最少的水平。以烧酒为例。最初用葡萄渣酿制，后来用谷物,再以后用马铃薯酒精。

促使最低额达到真正最低的水平的不仅是

1.生产机器普遍发展,分工,工人之间的竞争不断加剧并摆脱了地域限制;而且是

2.赋税的增加和国家预算支出的增加,因为,我们已经说过,取消某种赋税不会使工人得到任何好处,可是在最低工资还没有降低到极限数额以前,征收任何新税都会损害工人的利益。而这种情况在市民交往发生紊乱和困难的各种情况下都会发生。同时还应指出,赋税的增加会导致小农、小资产者和手工业者的破产。

例子——解放战争[25]以后的时期。工业的进步,生产出更低廉的产品和代用品。

3.这种最低额在各国趋于平衡。

4.工资一旦降低,以后就是再提高,也永远不能达到原来的水平。

总之,在发展过程中,工资双重地下降:

第一,相对地,与一般财富的发展相比。

第二,绝对地,因为工人所换得的商品量愈来愈减少。

5.在大工业的发展过程中,时间愈来愈成为商品价值的尺度,因而也成为工资的尺度。与此同时,随着文明的发展,劳动这一商品的生产愈来愈低廉,所花费的劳动时间也愈来愈少。

农民还有空闲时间,还可以有辅助收入。但是,大工业(不是工场手工业)消灭这种宗法制状态。这样一来,工人生活、生存的每一时刻都愈来愈成为交易的对象。

(现在还有下列几节:

1.关于改善工人状况的建议。马尔萨斯、罗西等。蒲鲁东、魏

特林。

2. 工人联合会。

3. 雇佣劳动的积极意义。)

VI. 改善生活状况的建议

1. 最喜欢提出的建议之一是**储蓄银行**制度。

我们根本不打算指出,工人阶级的大部分人没有可能储蓄。

目的——至少储蓄银行的严格的经济意义——像人们所说的,应该在于:工人出于自己的远见和明智而把对劳动有利的时间和不利的时间均衡起来,即在工业变动的周期循环中这样支配自己的工资,就是使他们的开支实际上永远不超过最低工资,不超过生活最必需的开支。

但是,我们看到,工资的波动不仅正好使工人革命化,而且如果工资与最低额比较没有暂时的增加,工人就会完全置身于整个生产的发展、社会财富的增殖和文明的成就之外,因而对他来说就没有获得解放的可能。

在这种情况下,工人自己必定会把自己变成资产阶级的计算机,把吝啬作为常规,使赤贫生活具有经常不变的性质。

除此以外,储蓄银行制度是专制制度的一种有三重意义的工具:

(α)储蓄银行是政府用来拴住工人阶级很大一部分人的一条金锁链。这样,不仅这些工人会从保存现状中得到好处。不仅工人阶级的两部分——参加储蓄银行的一部分和没有参加储蓄银行的一部分之间发生分裂。而且,工人自己就把保存奴役他们的现存的社会组织的武器送到自己敌人的手上。

（β）货币流回国家银行，再被银行贷给资本家，银行和资本家分摊利润，因此，由于人民以极少的利息把货币贷放给他们（只是由于这种集中，这些货币才成为工业发展的有力杠杆），这就增加了他们的资本，扩大了他们对人民的直接统治权。

2. 资产阶级喜欢提出的另一个建议是**教育**，尤其是全面的工**业生产教育**。

（α）我们不打算指出一个荒谬的矛盾，就是现代工业愈来愈以不需受任何教育就干得了的简单劳动代替复杂劳动；我们也不打算指出，现代工业日益迫使七岁以上的儿童从事机器劳动，不仅使他们成为资产阶级的收入的来源，而且成为他们无产者双亲收入的来源；工厂管理制度使学校教育法失效，普鲁士就是一个例子；我们也不打算指出，即使工人受到智力教育，这种教育对他的工资也毫无直接影响；教育一般说来取决于生活条件，资产者认为道德教育就是灌输资产阶级的原则，而且资产阶级没有使人民受到真正教育的经费，即使有这笔经费，它也不肯使用。

我们只来着重指出一个纯粹经济的观点。

（β）慈善的经济学家们所主张的教育的真正目的是这样的：使每个工人熟悉尽可能多的劳动部门，以便他一旦因工厂采用新机器或分工发生变化而被抛出一个部门时，可以尽可能容易地在另一部门中被雇用。

假定这是可能的。

这样做的后果就会是：如果一个劳动部门的工人过剩，那么所有其他劳动部门的工人马上也会过剩，并且一个生产部门的工资的降低，就会比以前更直接地引起工资的普遍降低。

此外,由于现代工业到处都使劳动大大简化,使得它很容易为人们所掌握,所以,一个工业部门的工资的提高,会马上引起工人涌向这个工业部门,而工资的降低也会多少直接地带有普遍的性质。

当然,我们在这里不能分析资产阶级方面所提出的许多小的治标办法①。

3. 但是我们应当转到第三个建议——**马尔萨斯理论**上来。这个建议实际上引起了并且还不断地引起极重大的后果。

我们在这里要探讨的这个理论整个可以归结如下:

(α)工资水平取决于所供应的工人和所需要的工人的比例。

增加工资的办法可以有两个:

或者是推动劳动的资本增长得很快,以致对工人的需求比工人的供给增加得快(以更迅速增长的级数增加)。

其次,或者是人口增加得很慢,以致尽管生产资本增长不快,工人之间的竞争仍然不剧烈。

对相互关系的一方面,即对生产资本的增加,你们工人不能发生任何影响。

相反地,对另一方面,你们完全能够发生影响。

你们尽可能少生小孩,就能够从工人方面缩减供给,即缓和工人之间的竞争。

只要提出下面几点意见,就足以揭穿这个十分愚蠢、卑鄙和虚伪的学说:

(β)(这应该是对第一节"生产力的提高对工资有什么影响"

---

① 在手稿中,马克思后来在这个地方添有"赤贫现象"一词。——编者注

的补充)

如果对劳动的需求增长了,工资就会增长。如果推动劳动的资本增长了,即生产资本增加了,这种需求就会增长。

对此这里应当做两点主要说明:

第一:提高工资的主要条件是生产资本的增加和尽快增长。所以,使工人能够勉强生活的主要条件是他使自己的生活状况比资产阶级愈来愈降低,是他尽量增加自己敌人的力量——资本。这就是说:工人只有在他生产并加强和他敌对的力量即他本身的对立者的条件下,才能勉强生活下去;在这种条件下,当他造成这种和他敌对的力量的时候,他才能从后者得到就业手段,这种手段又重新使他成为生产资本的一部分,成为增加生产资本并使之快速增长的杠杆。

顺便指出:如果懂得了资本和劳动之间的这种关系,就完全可以明白傅立叶主义者的和其他的想使二者调和的企图是多么滑稽可笑。

第二:在我们这样一般地阐述了这种颠倒的关系以后,这里还要加上第二个更重要的因素。

这就是,生产资本的增加意味着什么,生产资本是在什么条件下增加的?

资本的增加就是资本的积累和积聚。随着资本的积累和积聚,劳动的规模同等程度地日益扩大,因而也就造成使劳动更加简单化的另一种分工;

其次,使采用机器的规模日益扩大,并采用新机器。

因此,这意味着,随着生产资本的增长:

工人之间的竞争同样地加剧,因为分工简化了,任何劳动部门对每个人都更加开放了。

工人之间的竞争不断加剧，还因为他们必须同样地与机器竞争，并且他们会因机器而失业。所以，生产资本的积聚和积累使生产规模愈来愈扩大，而且还由于可供使用的资本的竞争，资本的利息愈来愈下降，

其后果是：

小工业企业倒闭，经不起同大企业的竞争。资产阶级的许多阶层被抛入工人阶级的队伍。因而，工人之间的竞争由于随着生产资本的增加而必然发生的小企业主的破产而日益加剧。

同时，由于利息率降低，以前没有直接参与工业的小资本家，也不得不从事工业活动，就是说，补充大工业新受害者的队伍。所以，从这方面来看，工人阶级的人数也在增加，工人之间的竞争也在加剧。

生产力的发展既然引起劳动规模的扩大，那么在竞争愈来愈普遍的情况下，暂时的生产过剩愈来愈成为不可避免的了，世界市场愈来愈广阔了。因而，危机愈来愈剧烈了。在有这样突然的手段促使工人结婚和繁殖的情况下，工人大批聚集在一起，集中起来，因而他们的工资便愈来愈波动。所以，任何一次新危机都直接使工人之间的竞争大为加剧。

总而言之，随着更迅速的交通工具的出现、流通速度的加快和资本的急剧周转，生产力的提高，就表现在同一时间内能够生产出更多的产品，也就是说，根据竞争规律，必定生产出更多的产品。这意味着，生产要在愈来愈困难的条件下进行，而为了在这种条件下能经得起竞争，劳动规模就得愈来愈大，资本就必定愈来愈集中到少数人手中。为了使这种大规模生产有利可图，分工和机器生

产就必定不断地和不平衡地发展起来。

这种在愈来愈困难的条件下进行的生产也扩展到作为资本一部分的工人身上。工人必须在愈来愈困难的条件下生产更多的产品，就是说，在生产费用愈来愈降低的情况下领取更少的工资，干更多的活。这样一来，最低工资本身愈来愈促使在最低限度的生活享受条件下更拼命地干活。

不均衡性是以几何级数而不是以算术级数增长的①。

可见，伴随生产力的提高而来的是大资本的统治加强，叫做工人的机器愈来愈简单化，由于扩大分工和采用机器，由于对生育实质上的奖励，由于资产阶级的破产的各阶层的竞争等等，工人之间的直接竞争也日益加剧。

我们还可以更简略地把这一点表述出来。

生产资本有三个构成部分：

1. 供加工用的原料；

2. 机器和煤等为开动机器所需要的材料，建筑物等等；

3. 用于工人生活费的那部分资本。

在生产资本增加的情况下，这三个构成部分的相互关系怎样呢？

伴随生产资本的增加而来的是生产资本的积聚，而伴随生产资本的积聚而来的是只有不断扩大生产资本的使用规模，才能获得利润。

因此，很大一部分资本将直接变为劳动工具并作为劳动工具而发挥职能，而生产力愈提高，直接变为机器的这部分资本将愈

---

① 这句话马克思写在手稿的页边上。——编者注

增多。

机器生产的发展,完全和分工的发展一样,会导致在更短的时间内能够生产出多得多的产品。因此,原料储备也要以同样比例增加起来。在生产资本增加的情况下,变为原料的那部分资本也必然要增加。

现在剩下了生产资本的第三部分,即用于工人生活费的那一部分,亦即变为工资的那一部分。

这部分生产资本的增加和其他两个部分有什么关系呢?

分工进一步发展的结果是一个工人能生产出以前三个、四个、五个工人所生产的东西。采用机器的后果是同样情况以更大得无比的规模表现出来。

首先,不言而喻,生产资本中变为机器和原料的那部分的增加不会引起用于工资的那部分同样的增加。如果发生这种情况,采用机器和实行更进一步的分工就达不到自己的目的了。所以,由此直接得出的结论是,用于工资的那部分生产资本,不会与花费在机器和原料上的那部分同等地增长。不仅如此。随着生产资本,即资本本身力量的增加,投入原料和机器的资本和花费在工资上的资本之间的不均衡现象会同等地增长起来。这也就意味着用于工资的那部分生产资本,同用于机器和原料的那部分资本比较起来,则愈来愈少。

资本家把更大量的资本投入机器以后,就不得不花费更大量的资本来购买一般原料和为开动机器所必需的原料。但是,如果以前他雇用 100 个工人,那么现在他也许只需要 50 个工人就够了。否则,他也许就要再次加倍地增加其他两部分的资本,即更加扩大不均衡现象。所以,他解雇 50 个工人,或者 100 个工人必须以从前 50 个人的价格进行劳动。这样一来,在市场上便出现了多余的工人。

在分工日益完善的情况下,只有用于购置原料的资本将必定增加。也许一个工人可以代替三个工人。

假定这是一种最有利的情况。资本家扩大了他的企业,而所采用的办法不仅能够保留原有数量的工人——他当然不会介意等到能够这样做的时候,——而且甚至还增加了工人的数量,这时,为了保留同样数量的工人或者甚至使工人的数量有可能增加,就势必要大大地扩大生产,而且工人人数和生产力的比例就会相对无限地更不成比例。因此,生产过剩会提前到来,而在下一次危机中,失业的工人会比任何时候都多。

可见,从资本和劳动之间的关系的本质必然得出这样一个普遍规律,就是:在生产力发展的过程中,变为机器和原料的那部分生产资本,即作为真正的资本的资本,和用于工资的那部分生产资本相比,会不成比例地增长;换句话说,就是工人只得在彼此之间分配跟生产资本总量相比日益减少的那部分生产资本。所以,他们的竞争便日益加剧。换句话说,生产资本愈增加,工人的就业手段或生活资料就相对地愈减少,换句话说,和就业手段相比,工人人口增长得就愈快。而且,这种不均衡现象和一般生产资本同等地增长。

为了消除上述的不均衡现象,生产资本就必须以几何级数增长,而为了以后在危机时期再消除这种不均衡现象,它还要增长得更多些。

资产者把这个不过是由工人和资本的关系产生出来的、甚至使对工人最有利的状况——生产资本迅速增加——变为不利的状

69

况的规律,由社会规律变成了自然规律,硬说根据自然规律,人口比就业手段或生活资料增长得快。

他们不懂得,生产资本的增加包含着这种矛盾的增加。

以后我们还要谈到这一点。

生产力,尤其是工人本身的社会力量,不仅没有给工人报酬,甚至是和工人作对的。

————

(γ)第一种荒谬说法:

我们知道,如果生产资本增长(经济学家们所假设的最有利的情况),如果因此对劳动的需求也相应地增长,那么,根据现代工业的性质和资本的本性所得出的结论是:工人的就业手段不会以同等程度增长,引起生产资本增加的那些情况会使劳动的供求不均衡现象更快地加剧,一句话,生产力的增长同时也使工人人数和工人的就业手段数量之间的不均衡现象加剧。就其本身来看,这既不取决于生活资料数量的增加,也不取决于人口的增加。这是由大工业的本性以及劳动和资本的关系中所必然产生的现象。

但是,如果生产资本的增长总是很慢,如果生产资本始终不变或者甚至还减少,那么与劳动的需求相比,工人人数永远都是太多了。

在这两种情况下,在最有利和最不利的情况下,从劳动和资本的关系,从资本本身的本性所得出的结论都是:工人的供给总是超过对劳动的需求。

(δ)更不用提这样一种谬论了,说什么整个工人阶级不可能作出一个不生小孩的决定,相反地,他们的生活状况会使性欲成为他们的主要享乐并使它片面地发展。

资产阶级在把工人的生活水平降低到最低限度以后,还想把工人的再生产行为也限制在最低限度以内。

(ε)可是,从下述事实可以看出,资产阶级对待这些话和劝告是多么不认真。

第一,现代工业用童工代替成年工,就是对生育的真正奖励。

第二,大工业经常需要未就业工人后备军以备生产高涨时期之用。因为资产者对工人所抱的主要目的一般在于以尽可能低的价钱得到劳动这一商品,而这只有在这种商品的供给与对它的需求相比尽可能大的情况下,即有尽可能多的过剩人口的时候,才有可能。

可见,人口过剩符合资产阶级的利益,资产阶级对工人好言相劝,是因为它知道这种劝告是无法实行的。

(ι)资本既然只有在它能给工人工作的时候才能增长,所以资本的增长就包含着无产阶级人数的增加,并且正如我们所知道的,按照资本和劳动的关系的本性,无产阶级人数的增加必定还要相对地快一些。

(κ)同时前面提到的理论,即竭力说人口比生活资料增加得快是自然规律的理论,所以更受资产者的欢迎,是因为这种理论安慰了他的良心,将他的冷酷无情说成道德义务,将社会现象变成自然现象,并且让他最终能像看待任何一种自然现象那样心安理得、无动于衷地来静观无产阶级大批饿死,另一方面,把无产阶级的贫困看做是它自己的罪过并惩罚它。说什么无产阶级可以用理智抑制自然的本能,并用道德监督的办法来限制自然规律的有害发展。

(λ)济贫法[19]可以说是这种理论的运用。消灭鼠患。砒霜。习艺所[26]。一般的赤贫现象。踏车又列于文明领域之内。野蛮现象再度出现,但它是在文明本身的怀抱中产生的,并且归属于文明;因此便发生了染有麻风症的野蛮现象,作为文明的麻风症的野蛮现象。习艺所是工人的巴士底狱。妻子和丈夫分居。

4.现在我们要简略地提一提那些想用另一种确定工资的办法来改善工人状况的人们。

蒲鲁东。

5.最后,在慈善的经济学家关于工资的意见中,还要指出一种观点。

(α)在其他经济学家之中,尤其是**罗西**阐发了下述观点:

工厂主预先支付给工人的只是工人所应得的那部分产品,因为工人不能等到产品出卖。如果工人自己能把自己养活到产品卖出的时候,那么他作为股东也将得到自己的一份,就像真正的资本家和工业资本家之间的情形一样。因此,工人的份额恰好采取工资的形式,那只是一种偶然,因为这是投机的结果,是和生产过程同时发生而又绝不是生产过程的必然组成要素的一种特殊活动的结果。工资只不过是现代社会制度的一种偶然形式。它不是资本的必要部分。它不是生产所必需的因素。在另一种社会组织之下,它可能消失。

(β)这个高明见解可以归结如下:如果工人拥有足够的积累起来的劳动即足够的资本,用不着被迫地以直接出卖自己的劳动为生的话,那么工资形式就会消失。这意味着:要所有工人同时又是资本家,因而也就是说,要以资本为前提并保全资本而又不要雇佣劳动这个对立物,但是没有雇佣劳动,资本就不能存在。

(γ)其实,这种说法应该加以注意。工资不是资产阶级生产的偶然形式,而整个资产阶级生产却是生产的暂时历史形式。资产阶级生产的一切关系（资本、工资、地租等）都是暂时的，在一定的发展阶段上都可能被消灭的。

VII. 工人联合会

人口论的要点之一是它企图减少工人之间的竞争。相反地，工人联合会的目的是**消灭**竞争，而代之以工人的**联合**。

经济学家反对联合会的意见是正确的：

1.联合会要求工人负担的费用，在大多数情况下比联合会想争取提高的收入要多。它们不能长久地与竞争规律对抗。这些联盟要引起新机器和新分工的出现，引起生产由一个地方向另一个地方的转移。这一切的结果是工资的降低。

2.如果这些联盟能够在一个国家里把劳动价格保持在这样的高度，以致利润同别国的平均利润相比而显著地降低，或者资本增殖受到了阻碍，那么，其结果便是工业发生萧条和倒退现象，并且工人与其企业主一起破产。因为，正如我们所知道的，工人的状况就是这样。如果生产资本增长，他的生活状况就要飞跃式地恶化，如果生产资本减少或者始终不变，他马上就会破产。

3.资产阶级经济学家的所有这些反对意见，正如前述，是对的，但只是从他们的观点看来才是对的。如果工人联合会的使命真的像表面上看起来的那样只是确定工资，如果劳动和资本之间的关系永世不变，那么，这些联盟就会因反对事物的必然进程而崩溃。但是，这些联盟是团结工人阶级的手段，是准备推翻整个旧社会及其阶级对立的手段。从这个观点来看，工人们嘲笑高明的资产阶级教员们预先给他们算出在这个内战中他们的伤亡和金钱消耗的数目,是嘲笑得对的。谁要想战胜敌人,他就不会去同敌人讨论战争的代价。而工人绝不这样狭隘地看待事物,经济学家们自己可以从下述事实中看出来:大部分联盟是由工资最高的工人建立的,并且工人把他们能够从工资中节省出来的钱全都用于建立政治团体和工会组织,用于支付这一运动的费用。如果资产者老爷们及其经济学家一时大发慈悲,允许给最低工资即最低生活添加些茶或甜酒,糖和肉,那么,相反地,他们对于工人把用于反对资产阶级的战争的某些开支也计入这个最低额一事,对于工人竟从自己的革命活动中得到生活上的最大享受一事就一定会感到气愤和不可理解了。

VIII. 雇佣劳动的积极方面

最后我们还应该注意雇佣劳动的积极方面。

（α）如果谈雇佣劳动的积极方面,那就是谈资本、大工业、自由竞争、世界市场的积极方面,我无需向你们解释,没有这些生产关系,就不会创造出生产资料——解放无产阶级和建立新社会的物质资料,无产阶级本身也就不会团结和发展到真正有能力在旧社会中实行革命并使它自身革命化的程度。**工资平均化**。

（β）甚至拿工资的最不道德的方面——我的活动成了商品,我完全成了出卖的对象——来说。

第一,由于这一点,一切宗法制的东西都消失了,因为只有商业即买卖才是唯一的联系,只有金钱关系才是雇主和工人之间的唯一关系。

第二,旧社会的一切关系一般脱去了神圣的外衣,因为它们变成了纯粹的金钱关系。

　　同样，一切所谓的高级劳动——脑力劳动、艺术劳动等都变成了交易的对象，并因此失去了从前的荣誉。全体牧师、医生、律师等，从而宗教、法学等，都只是根据他们的商业价值来估价了，这是多么巨大的进步啊。①

　　（第三：人们把劳动变成商品，并使它本身受自由竞争的支配以后，力求尽可能便宜地，即用尽可能少的生产费用来生产它。因此，在未来的社会组织中，任何体力劳动都会无限容易，无限简单。——做出一般的结论。）

　　第三，由于一切都成了出卖的对象，工人就认定，一切他们都能摆脱，都能割弃；因此，他们就第一次摆脱了对一定关系的依附。既不缴纳实物，也没有那种仅仅是由一定等级（封建等级）规定的生活方式了，工人可以随便处理自己的钱了，这是一个优点。

卡·马克思写于 1847 年 12 月底　　　　原文是德文

第一次用俄文发表于 1924 年　　　　选自《马克思恩格斯全集》中文第 1 版
《社会主义经济》杂志　　　　　　　　第 6 卷第 635—660 页，根据《马克思
　　　　　　　　　　　　　　　　　　恩格斯全集》德文版第 6 卷校订

---

①　在手稿中，马克思在这个地方添有如下文字："民族斗争、阶级斗争、财产关系"。——编者注

注　释

1　这篇导言是恩格斯为他本人校订的、于 1891 年在柏林出版的马克思的《雇佣劳动与资本》新版单行本而写的。恩格斯在导言开头部分,把他为这一著作的 1884 年单行本所写的前言(见《马克思恩格斯全集》中文第 1 版第 21 卷第 204 页)全部复述了一遍。19 世纪 90 年代,为了在工人中宣传马克思的经济学说,马克思的这一著作和恩格斯的这篇导言曾在德国大量印行,广为传播。导言曾以独立的论文形式公开发表,在工人和社会主义报刊上获得广泛的传播。在《雇佣劳动与资本》的新版单行本出版以前,这篇导言曾以《雇佣劳动与资本》为题发表在 1891 年 5 月 13 日《前进报》第 109 号附刊。此外,导言还稍经删节刊载于 1891 年 5 月 30 日《自由报》第 22 号,1891 年 7 月 10 日意大利杂志《社会评论》第 10 期,1891 年 7 月 22 日《社会主义者报》第 44 号,1892 年法国社会主义杂志《社会问题》等报刊。马克思的这一著作后来根据 1891 年版译成许多种外文出版,所有这些版本都收入了恩格斯写的这篇导言。——3。

2　指《新莱茵报。民主派机关报》(Neue Rheinische Zeitung. Organ der Demokratie)。该报是德国 1848—1849 年革命时期民主派中无产阶级一翼的战斗机关报,1848 年 6 月 1 日—1849 年 5 月 19 日每日在科隆出版,马克思任主编;参加编辑部工作的有恩格斯、威·沃尔弗、格·维尔特、斐·沃尔弗、恩·德朗克、斐·弗莱里格拉特和亨·毕尔格尔斯。报纸编辑部作为无产阶级革命运动的领导核心,实际履行了共产主义者同盟中央委员会的职责;1848 年 9 月 26 日科隆实行戒严,报纸暂时停刊;此后在经济和组织方面遇到了巨大困难,马克思不得不在经济上对报纸的出版负责,为此,他把自己的全部积蓄贡献出来,使报纸得以继续出版。《新莱茵报》起到了教育和鼓舞人民群众的作用。报纸发表的有关德国和欧洲革命的重要观点的社论,通常都是由马克思和恩格斯执笔。尽管遭到当局的种种迫害和阻挠,《新莱茵报》仍然英勇地捍卫革命民主主义运动和无产阶级的利益。1849 年 5 月,在反革命势力全面进攻的形势下,普鲁士政府借口马克思没有普鲁士国籍而把他驱逐出境,同时又加紧迫害《新莱茵报》的其他编辑,致使该报被迫停刊。1849 年 5 月 19 日,《新莱茵报》用红色油墨印出了最后一号即 301 号。报纸的编辑在致科隆工人的告别书中写道:"无论何时何地,他们的最后一句话始终将是:工人阶级的解放!"(见《马克思恩格斯全集》中文第 1 版第 6 卷第 619 页)——3。

3 布鲁塞尔德意志工人协会全称是布鲁塞尔德意志工人教育协会,是马克思和恩格斯 1847 年 8 月底在布鲁塞尔建立的德国工人团体,旨在对侨居比利时的德国工人进行政治教育并向他们宣传科学社会主义思想。在马克思和恩格斯及其战友的领导下,协会成了团结侨居比利时的德国革命无产者的合法中心,并同佛兰德和瓦隆的工人俱乐部保持着直接的联系。协会中的优秀分子加入了共产主义者同盟的布鲁塞尔支部。协会在布鲁塞尔民主协会成立过程中发挥了出色的作用。1848 年法国资产阶级二月革命之后不久,由于协会成员被比利时警察当局逮捕或驱逐出境,协会在布鲁塞尔的活动即告停止。——3。

4 1849 年,沙皇军队为了镇压匈牙利资产阶级革命、恢复奥地利哈布斯堡王朝的统治,对匈牙利进行了武装干涉。根据尼古拉一世的命令,俄国军队于 1849 年 5 月开进了匈牙利。——3。

5 指维护帝国宪法的运动。这是 1848—1849 年德国资产阶级民主革命的最后阶段。以普鲁士为首的德意志各邦拒绝承认法兰克福国民议会于 1849 年 3 月 28 日通过的帝国宪法,但是人民群众认为帝国宪法是唯一还没有被取消的革命成果。1849 年 5 月初在萨克森和莱茵省,5—7 月在巴登和普法尔茨相继爆发了维护帝国宪法的武装起义。6 月初,两个普鲁士军团约 6 万人与一个联邦军团开始对两地起义者实行武力镇压,而法兰克福国民议会却不给起义者任何援助。1849 年 7 月,维护帝国宪法的运动被镇压下去。——3。

6　后来在马克思的遗稿中发现了一份手稿,是为《雇佣劳动与资本》最后
一讲或最后几讲准备的提纲,标题为《工资》(见本书第 49—75 页),封
面上注明"1847 年 12 月于布鲁塞尔"。从内容上看,这份手稿在某种程
度上是马克思这篇未完成的著作《雇佣劳动与资本》的补充。但是在马
克思的手稿中,未发现《雇佣劳动与资本》已定稿的结尾部分。——3。

7　李嘉图学派是指以罗·托伦斯、詹·穆勒和约·斯·穆勒为代表的资
产阶级经济学家,他们在大·李嘉图的主要著作《政治经济学和赋税原
理》1817 年在伦敦出版之后用庸俗经济学取代了古典资产阶级经济学,
试图用资产阶级的方式来解决李嘉图理论中的基本对立。其结果正如
马克思所说的那样,李嘉图学派的解体是由于它无法解决两个问题:
"(1)资本和劳动之间的交换,与价值规律相一致。(2)一般利润率的
形成。把剩余价值和利润等同起来。不理解价值和费用价格之间的关
系。"(见《马克思恩格斯全集》中文第 2 版第 35 卷第 208 页)对这一学
派的详细分析,见马克思《政治经济学批判(1861—1863 年手稿)》第
VII 笔记本第 319 页—第 VIII 笔记本第 347 页(《马克思恩格斯全集》中
文第 2 版第 33 卷第 168—221 页)。——8。

8　指 1891 年五一庆祝活动。在某些国家(英国、德国),这种庆祝活动是
在 5 月 1 日以后头一个星期日举行的;1891 年 5 月 1 日以后的头一个
星期日是 5 月 3 日。英国、奥地利、德国、法国、意大利、俄国和其他国家
许多城市的工人,在 1891 年五一纪念日举行了集会和示威游行。
——12。

9　二月革命指 1848 年 2 月爆发的法国资产阶级民主革命。代表金融资产
阶级利益的"七月王朝"推行极端反动的政策,反对任何政治改革和经
济改革,阻碍资本主义发展,加剧对无产阶级和农民的剥削,引起全国
人民的不满;农业歉收和经济危机进一步加深了国内矛盾。1848 年 2
月 22—24 日巴黎爆发革命,推翻了"七月王朝",建立了资产阶级共和
派的临时政府,宣布成立了法兰西第二共和国。法国二月革命在欧洲
1848—1849 年革命中具有重要影响。无产阶级和小资产阶级积极参加

了这次革命,但革命果实却落到了资产阶级手里。——13。

10　在二月革命的影响下,1848 年 3 月 13 日,奥地利首都维也纳的市民、大学生和工人行动起来,举行了要求宪法、陪审制和新闻出版自由的游行示威。群众和军警发生冲突,起义爆发。这次起义导致反动政府的垮台和首相梅特涅的逃亡。1848 年 3 月初,柏林群众举行集会,要求普鲁士政府取消等级特权、召开议会和赦免政治犯。国王弗里德里希-威廉四世调动军队进行镇压,遂发生流血冲突。3 月 13 日,维也纳人民推翻梅特涅统治的消息传到柏林,斗争进一步激化。国王慑于群众的威力,并企图拉拢资产阶级自由派,阻止革命发展,于 17、18 日先后颁布特别命令,宣布取消书报检查制度;允诺召开联合议会,实行立宪君主制。资产阶级自由派遂与政府妥协。柏林群众要求军队撤出首都,在遭到军警镇压后,于 3 月 18 日构筑街垒举行武装起义,最终迫使国王于 19 日下令把军队撤出柏林。起义获得了胜利,但是起义成果却被资产阶级窃取,3 月 29 日普鲁士成立了康普豪森—汉泽曼内阁。——13。

11　指 1848 年 6 月巴黎无产阶级的起义。二月革命后,无产阶级要求把革命推向前进,资产阶级共和派政府推行反对无产阶级的政策,6 月 22 日颁布了封闭"国家工场"的挑衅性法令,激起巴黎工人的强烈反抗。6 月 23—26 日,巴黎工人举行了大规模武装起义。6 月 25 日,镇压起义的让·巴·菲·布雷亚将军在枫丹白露哨兵站被起义者打死,两名起义者后来被判处死刑。经过四天英勇斗争,起义被资产阶级共和派政府残酷镇压下去。马克思论述这次起义时指出:"这是分裂现代社会的两个阶级之间的第一次大规模的战斗。这是保存还是消灭资产阶级制度的斗争。"(见《马克思恩格斯选集》第 3 版第 1 卷第 467 页)——13。

12　指 1848 年 11 月 1 日维也纳被文迪施格雷茨的军队占领。——13。

13　指 1848 年 11 月的柏林事件。1848 年 11 月 8 日国王下令把普鲁士国民议会会址从柏林迁往勃兰登堡。国民议会的多数派通过了一项继续把会址设在柏林的决定。11 月 10 日国民议会被赶出它经常举行会议的话剧院。11 月 11—13 日议会在射击俱乐部召开会议,11 月 15 日被弗兰格尔将军的军队驱散。——13。

14 马克思的《雇佣劳动与资本》在《新莱茵报》上发表时,此处即为"劳动力"。关于本文中"劳动力"概念的使用情况,可参看恩格斯为 1891 年单行本写的导言(本书第 4 页)。——30。

15 《工资》是马克思的手稿,这篇手稿同他的未完成的著作《雇佣劳动与资本》有直接的联系,也是对该著作的补充。

　　《工资》这篇手稿过去保存在德国社会民主党的档案库中,直到 1924 年才用俄文在《社会主义经济》杂志上第一次发表,1925 年用原文在《在马克思主义的旗帜下》杂志上发表。从找到的手稿封面上写的字("1847 年 12 月于布鲁塞尔"),从开头对已阐明的各点的概述以及手稿的论述形式和内容本身来看,我们有根据这样推测:《工资》是马克思为 1847 年 12 月下半月在布鲁塞尔德意志工人协会的讲演的最后一讲或最后几讲所写的预备提纲。这种推测还为下面的事实所证实,即马克思在写这份手稿的时候,就已经着手准备 1848 年 1 月 9 日他在布鲁塞尔民主协会的公众大会上发表的那篇著名的《关于自由贸易问题的演说》(手稿中的一处提示证明了这一点)。

　　在《工资》这篇手稿中,以及在《新莱茵报》上发表的《雇佣劳动与资本》中,谈到工人向资本家出卖自己的劳动,而在像马克思后期的经济学著作中,谈的都是出卖劳动力。——49。

16 关于工作日长短和织布工人人数的资料,是马克思从卡莱尔的《宪章运动》一书中引来的。该书中有这样一段话:"50 万织布工每天在手织机旁工作 15 小时,但是他们却通常不得一饱"。(托·卡莱尔《宪章运动》1840 年伦敦版第 31 页)——50。

17 包令的演说收入威·阿特金森的《政治经济学原理》1840 年伦敦版第 36—38 页。——50。

18 包令在下院的演说中所说的这段话,1848 年 1 月 9 日马克思在布鲁塞尔民主协会的公众大会上发表的《关于自由贸易问题的演说》中也引用过(见《马克思恩格斯选集》第 3 版第 1 卷第 370 页)。——50。

19 济贫法是英国 1601 年颁布的,它规定每个教区必须缴纳救济贫民的特别税,教区中无法维持本人及其家庭生活的居民皆可通过济贫会获得救济。该济贫法曾经过多次修改。1834 年通过的新济贫法只允许用一种办法来救济贫民,那就是把他们安置到习艺所(见注 26)从事强制性劳动。——51、71。

20　马克思指的是卡莱尔就英国济贫法发表的下述意见:"如果使穷人成为不幸者,他们就不可避免地会大批死亡。这就是消灭鼠患的普通办法:堵塞住仓库的大小缝隙,发出连续不断的猫叫声或警号,使捕鼠器随时开动,于是你们的这一群成为社会累赘的穷光蛋便会绝迹,便能根除。更快的方法是砒霜,这也许是更人道的方法……"(托·卡莱尔《宪章运动》1840 年伦敦版第 17 页)。——51。

21　马克思指的是约·威德的著作中的下面这一段话:"所使用的劳动的数量在每一个工业部门中都不是固定的。它可以随着季节的更换、时尚的变化或生意的好坏而有所变动。"(约·威德《中等阶级和工人阶级的历史》1835 年伦敦第 3 版第 252 页)——52。

22　指计件工资(见前引约·威德的著作第 267 页)。——53、60。

23　拜比吉关于这种工资制写道:"凡是工人领产品工资或是被迫从雇主店铺购买东西的地方,对工人们来说,都有许多不公道的事情,结果就造成很大的贫困。""在萧条期间,在不减少名义工资的情况下,用提高自己店铺里的商品价格的方法来降低实际支付的工资。这种办法对雇主来说,太有诱惑力了,他实难予以抵制。"(查·拜比吉《论机器和工厂的经济》1832 年伦敦第 2 版第 304 页。)——53。

24　马克思引证的是他从卡莱尔的《宪章运动》一书摘录出来的一个材料:"爱尔兰约有 700 万工人居民,根据统计材料,其中三分之一每年有 30 个星期缺乏足够的即使是劣等的马铃薯。"(托·卡莱尔《宪章运动》1840 年伦敦版第 25 页)——60。

25　指的是 1813—1815 年期间德国人民反对拿破仑统治的战争。——61。

26　习艺所是根据英国的《济贫法》设置的救济贫民的机构。1601 年《济贫法》规定以教区为单位解决贫民的救济问题。1723 年颁布的《济贫法》进一步作出规定,设立习艺所,受救济者必须入所接受救济。1782 年又

改为只对年老和丧失劳动能力的人采取集中救济的方法。1834 年英国
颁布的新济贫法对以前实施的《济贫法》作了修订,规定不得向有劳动
能力的人及其家属提供任何金钱和食品的救济,受救济者必须在习艺
所里从事强制性劳动。习艺所里生产条件恶劣,劳动强度大,生产效率
低,那里实行的制度与强迫囚徒从事苦役的牢狱制度不相上下,因此,
被贫民们称为"济贫法巴士底狱"(见《马克思恩格斯文集》第 1 卷第
487 页),马克思则称它为"无产者的巴士底狱"(见《马克思恩格斯选
集》第 3 版第 1 卷第 361 页)。——71。

人 名 索 引

A

阿特金森,威廉(Atkinson,William 19 世纪)——英国经济学家,资产阶级古典政治经济学学派的反对者,保护关税论者。——50。

B

拜比吉,查理(Babbage,Charles 1792—1871)——英国数学家、力学家和资产阶级经济学家。——53。

包令,约翰(Bowring,John 1792—1872)——英国政治活动家、外交官、语言学家和文学家,边沁的信徒,自由贸易派,高级殖民官员,议会议员;1847—1852 年任驻广州领事,1854—1857 年继文翰任香港总督兼驻华公使和中国商务监督,极力主张对中国进行侵略;1856 年 10 月借口亚罗号事件,挑起第二次鸦片战争。——50、57。

布雷,约翰·弗兰西斯(Bray,John Francis 1809—1895)——英国经济学家,空想社会主义者,罗·欧文的信徒,职业是印刷工人;阐发了"劳动货币"的理论。——56。

F

傅立叶,沙尔(Fourier,Charles 1772—1837)——法国空想社会主义者。——65。

K

卡莱尔,托马斯(Carlyle,Thomas 1795—1881)——英国作家、历史学家和唯心

主义哲学家,宣扬英雄崇拜,封建社会主义的代表,资本主义生产方式和资
产阶级政治经济学的批评者,托利党人;1848 年后成为工人运动的敌人。
——50。

L

李嘉图,大卫(Ricardo,David 1772—1823)——英国经济学家,资产阶级古典
政治经济学最著名的代表人物。——5、8。

罗西伯爵,佩莱格里诺·路易吉·爱德华多(Rossi,Pellegrino Luigi Edoardo,
conte 1787—1848)——意大利资产阶级庸俗经济学家、法学家和政治活动
家;长期住在法国。——54、61、72。

M

马尔萨斯,托马斯·罗伯特(Malthus,Thomas Robert 1766—1834)——英国经
济学家,教士,人口论的主要代表。——51、61、64。

麦克库洛赫,约翰·拉姆赛(McCulloch,John Ramsay 1789—1864)——英国资
产阶级经济学家和统计学家,李嘉图经济学说的庸俗化者。——51。

P

蒲鲁东,皮埃尔·约瑟夫(Proudhon,Pierre-Joseph 1809—1865)——法国政论
家、经济学家和社会学家,小资产阶级思想家,无政府主义理论的创始人,
第二共和国时期是制宪议会议员(1848)。——61、72。

S

舍尔比利埃,安东·埃利泽(Cherbuliez,Antoine-Élisée 1797—1869)——瑞士
经济学家,西斯蒙第的追随者,把西斯蒙第的理论和李嘉图理论的某些原
理结合在一起。——55。

W

威德,约翰(Wade,John 1788—1875)——英国政论家、经济学家和历史学家。
——51。

魏特林,克里斯蒂安·威廉(Weitling, Christian Wilhelm 1808—1871)——德
　国工人运动活动家,正义者同盟领导人,职业是裁缝;空想平均共产主义理
　论家和鼓动家;工人同盟的创始人,《工人共和国报》的出版者;1849年流
　亡美国,晚年接近国际工人协会。——61—62。

Y

亚历山大三世,亚历山大大帝(Alexander III, Alexander the Great 公元前356—
　323)——古代著名的统帅,马其顿王(公元前336—323);横跨马其顿到印
　度的世界帝国的缔造者;曾从师于亚里士多德。——21。

尤尔,安德鲁(Ure, Andrew 1778—1857)——英国化学家、资产阶级庸俗经济
　学家,自由贸易论者,写有工业经济学方面的著作。——54。

责任编辑：孔　欢
装帧设计：汪　莹
版式设计：王欢欢
责任校对：杜凤侠

图书在版编目（CIP）数据

雇佣劳动与资本/马克思著；中共中央马克思恩格斯列宁斯大林著作编译局
　编译. —北京：人民出版社，2018.12
（马列主义经典作家文库）
ISBN 978－7－01－018571－2

Ⅰ.①雇… Ⅱ.①马… ②中… Ⅲ.①马列著作-马克思主义 Ⅳ.①A811.21

中国版本图书馆 CIP 数据核字（2017）第 281981 号

书　　　名　**雇佣劳动与资本**
　　　　　　GUYONGLAODONG YU ZIBEN
编 译 者　中共中央马克思恩格斯列宁斯大林著作编译局
出版发行　**人民出版社**
　　　　　　（北京市东城区隆福寺街 99 号　邮编 100706）
邮购电话　（010）65250042　65289539
经　　销　新华书店
印　　刷　北京中科印刷有限公司
版　　次　2018 年 12 月第 1 版　2018 年 12 月北京第 1 次印刷
开　　本　635 毫米×927 毫米 1/16
印　　张　6.5
插　　页　3
字　　数　71 千字
印　　数　00,001-10,000 册
书　　号　ISBN 978－7－01－018571－2
定　　价　18.00 元